역자 서문

　《원씨세범》(袁氏世範)은 원채(袁采)가 남송(南宋) 효종(孝宗) 순희(淳熙) 5년(1178)에 낙청현령(樂淸縣令)으로 있을 때 저술하고, 광종(光宗) 소희(紹熙) 원년(1190) 무원지현(婺源知縣)으로 있을 때 간행한 책이다. 이 책은 모두 3권으로 구성되어 있는데, 1권은 '목친'(睦親), 2권은 '처기'(處己), 3권은 '치가'(治家)편이다. 일반적으로 이 책은 안지추(顔之推 ; 南朝 梁에서 隋의 통일 초까지 생존)가 저술한 《안씨가훈》(顔氏家訓)의 아류라고도 칭해진다. 《안씨가훈》이 자손의 번영과 가문의 영속적 발전을 목적으로 한 훈계서의 일종이라고 말한다면, 《원씨세범》은 가정을 훈계하기 위해서뿐만 아니라, 한 사람의 개명한 사대부이자 지방관이 바라는 바람직한 가정의 생활윤리를 이해하기 쉽게 서술하고 있다. 이 책의 주요 독자는 보통의 일반 백성이지만, 그렇다고 아주 빈곤한 하층 백성은 아니었을 것이다.

　원채가 이 책을 쓴 목적은 "명교(名敎)에 도움이 되고자" 하는 의도가 있었고, 또한 전통적인 윤리도덕을 강조하고 자손, 후대와 민중에게 깨우침을 주고자 하였다. 그러나 궁극적으로는 송사(訟事)와 형벌을 줄이고, 미풍양속을 수립하여 통치질서를 안정시키려는 데

목적이 있었다. 즉 이 책은 가정 내부의 각종 분규로 인한 소송을 줄여서 지방관의 부담을 경감하려는 효과를 기대한 것이었다.

《원씨세범》에서 서술한 가정의 범주는 부부(夫婦), 부자(父子), 형제(兄弟), 자질(子姪) 관계로써 중심형태를 삼는 동거공재(同居共財 ; 公同居住, 共享財産)의 개별가정으로, 남편, 아내, 형, 아우, 아들, 조카와 노복, 비첩으로 구성되어 있다. 이러한 성원 중에서 아주 밀접한 관계에 있는 사람은 당연히 부부, 부자와 형제이지만, 친척, 노복, 비첩도 또한 가정의 안정 여부에 영향을 미친다. 이 때문에 원채가 그들 중의 개개인들이 반드시 준수해야 할 행위규범을 규정하고, 일이 생길 것을 방지하는 각종 조처를 취하였다.

이러한 행위규범은 다음의 두 가지 의도와 비교적 큰 관련이 있다. 좁게는, 가정의 평화를 유지하고 불화를 미연에 방지하고자 하는 것이고, 넓게는, 후에 재산을 분할할 때 일어날 분규를 미리 막아보기 위해서였다. 가정은 사회의 하나의 세포이므로 만약 각 가정이 모두 화목하다면 사회도 혼란하지 않을 것이다. 원채는 가정교육에서부터 시작하여 사회모순을 완화시키고자 하였던 것이다.

'목친'편에서는 가정의 화목이 가장 중요하다고 보았다. 가정의 불화를 조성하는 원인은 다양한데, 가장 중요한 것은 성격이 맞지 않음과 재산 다툼이다. 이 때문에 원채가 가정의 성원들에게 주장하는 것은 장유(長幼)를 막론하고 서로 공경하고, 서로 사랑하며, 서로 돕고, 공평하게 사람을 대우하고, 두루 친구들을 도우며, 효제(孝悌)를 행동으로 실천하는 것이었다. 가정의 재산 문제에서도 서로 양보할 것이며, 이해타산을 해서는 안 된다고 하였다. 이 외에 결혼을 시키고 후사를 세우는 데에도 또한 인정으로나 원칙으로나 합리적일 것을 요구하였고, 삼가 행동하여 가정이 화목하지 못해 후환이 생길 것을 방지하고자 하였다.

'처기'편에서는 가정내의 각 구성원은 모두 도덕 수양을 쌓고 각자 평소의 일언일행(一言一行)에도 주의할 것을 요구하였다. 한 예로 부귀할 때는 교만해서는 안 된다고 하였다. 어떤 사람은 어렸을 때 아주 고생하다가 나이가 들어 부귀영화를 누리는 사람도 있다. 성실로써 사람을 대하고, 사람을 대함에 관대할 것을 요구하고, 자신을 질책하는 데는 엄격할 것을 요구하였다. 다른 사람의 급한 것을 서둘러 해 주고, 또한 은혜를 갚아야 한다고 주장하였다. 근검으로 가정을 다스리고, 들어올 것을 헤아려 지출하며, 관리는 청렴하고 정직하고 겸손해야 하며, 그렇지 않으면 반드시 하늘의 문책을 당한다는 것 등등이다.

'치가'편에서는 많은 분량을 할애하여 지주(地主)와 일반 백성이 어떻게 가정의 안전을 유지할 것인지에 관해 서술하였다. 첫번째로, 도적과 화재를 방지하는 조처를 제시하였는데, "사람들에게 각박한 행동은 도적을 부르는 이유가 된다"고 말한 것은 아주 설득력이 있다. 두 번째로, 원채는 어떻게 노복(奴僕)과 비첩(婢妾)을 대우할 것인지의 문제를 언급하였다. 그들은 먼저 내외의 한계를 엄격히 할 것을 요구하고, 노복과 비첩을 가벼이 믿지 않을 것과 더불어 그들에게 너무 각박하게 해서는 안 된다고 경고하였다. 또 축첩(蓄妾)의 몇 가지 원칙을 언급하였다. 즉, 노년에 첩을 두거나 아름다운 첩을 들여서는 안 된다는 것이다. 세 번째로, 원채는 가정에서 화를 면하려는 의도에서 주인은 노복을 잘 대우해야 하며, 노복을 몸소 때려서는 안 되며, 그들을 따뜻하고 배부르게 해주어야 한다고 하였다. 나이가 많은 비녀(婢女)를 계약할 때도, 때가 되면 그 남편이나 부모에게 돌려주어 후일에 발생할 소송을 방지하라고 권고하였다. 또 비첩을 살 때는 반드시 주의해야 할 사항을 제기하였다. 즉, "노복과 비첩은 본토인이 가장 좋다", "그들을 살 때는 소개인이 명확해야 한다", "계약을 한 후에는 자세히 그 내력을 조사해야 하고 다른 사람에게 납치되어 노복이 되게 해서는 안 된다"는 것이다. 이것을 통해 알 수 있는 것은, 송대(宋代)의 노비는 전(前) 시대와는 같지 않다는 것이다. 그들의 사회적인 지위가 비록 낮았지만, 주인과 일종의 계약관계이므로 예속적인 노복이 아니고, 일단 계약이 끝나면 자유인이 된다는 것이다.

마지막으로, 남송시기는 토지 매매가 성행하고, 토지 겸병이 비교적 자유로웠던 시대로 전객(佃客)과의 관계를 잘 처리할 것을 요하였다. 수리(水利)를 일으킬 것을 요하고. 전산(佃産)을 매매할 때는 엄격하게 법률 규정을 준수하여 후에 생길 일을 방지하고자 하였다. 아울러 재삼 돈 있는 집에 경계하여 사업을 경영할 때에 "인심(仁心)을 가질 것"과 전객의 각박한 행동에 대해서는 지나치게 잔혹하게 대처하지 말며, 공익사업이나 국가의 부세에 관해서는 모두 자기의 의무를 다 하라고 강조하였다.

《원씨세범》에서는 어떻게 가정을 잘 다스릴지에 대해서 이미 원칙적인 이야기가 있고, 또한 아주 구체적인 의견이 있다. 이를테면, 나이든 사람과 어린 사람이 동거(同居)하고, 화목하라고 한 것, 재산을 분할함에 공도(公道) 등을 언급한 것은 모두 원칙이 있는 이야기이다. 그리고 개인이 모은 사재(私財)를 어떻게 처리할지에 관해서는 아주 구체적인 의견을 제시하였다. 가정에서 가장 미묘하면서 또한 빈번하게 일어날 수 있는 문제는 바로 양자 수양(收養)이다. 원채가 양자 수양에 대해서 부정적인 의견을 가지지는 않았지만, 양자를 수양하는 시기에 대해서는 자기 나름의 의견을 제기하였다.

《원씨세범》은 전형적인 유가의 전통사상을 많이 계승하고 있고, 이 외에도 도가(道家) 사상이나 불교의 인과응보 사상, 그리고 아무리 인간이 지략(智略)을 써도 천리(天理)를 이기지 못하며 천도(天道)의 순환을 강조하였다. 기본적으로 인간이 선한 마음을 가지고 있으면 보응(報應)이 되고, 스스로 재산을 일으켜 가난한 사람들에게 나눠 주면 밖으로는 고상한 의리이며 안으로는 음덕(蔭德)을 쌓는 것이다. 즉, 권선징악(勸善懲惡)의 뜻이 강하게 자리잡고 있다. 또한 부유한 사람이나 가난한 사람들이나 분수를 알 것을 강조하였다. 그 외에 이 책은 남송사회의 가정 내부가 상품경제가 발전함에 따라 인정과 재산 방면에서 마땅히 준수해야 할 윤상(倫常)이 다소간 해이해졌고, 여러 가지 법률상의 문제도 나타났음을 알 수 있다. 이것은 또한 송조에서 비록 부모가 살아있을 때 별적이재(別籍異財, 즉 分家)할 수 없다는 금령(禁令)을 강조하였지만, 그러나 사실상 형제간에 분가하는 현상이 나타나게 되었던 것이다.

종합해 보면, 《원씨세범》이 비록 가훈(家訓)이나 가규(家規)에 불과하지만, 정치, 경제, 사회풍속, 계급간의 모순 등 각 방면에서 남송대의 사회 현실을 반영해 주므로 남송 사회를 이해하는 데 중요한 자료라고 할 수 있다.

1998년부터 *The Inner Quarters*를 번역하면서(배숙희 역, 《중국 여성의 결혼과 생활》) 이 책의 저자인 이브리가 사료로 많이 인용했던 《원씨세범》 및 다른 송대의 여러 가훈서나 일사(逸事)에도 관심을 가지게 되었다. 그래서 사학과 강의 시간에 교재로도 2년 정도 활용하였다. 그 과정에서 학생들도 내용에 상당히 흥미있어 했고, 역자도 또한 약 1천 년 전이라는 세월의 간격이 있기는 하지만 사대부 원채의 생각에 크게 공감할 수 있었다. 그래서 이 좋은 책을 혼자만 알고 있기에는 아깝다는 생각이 들어 여러 사람들과 공유하고 싶어서 출판을 결심하게 되었다. 막상 작업을 시작하고 나서 특히 송대의 복잡한 사회경제사 용어의 이해를 위해서 역자의 주를 다는 것이 필요하다는 여러 선생님들의 의견을 흔쾌히 수렴하였다. 그리고 송대의 다방면의 생활 문화를 이해하기 위해서 역자가 그동안 평소에 관심이 있어서 모아둔 그림도 가능한 한 많이 활용하여 이해를 돕고자 하였다. 대체로 저자의 의도를 살리기 위해서 직역을 원칙으로 했지만, 문맥상 부득이 의역을 한 부분도 있다.

일견 따분하게 느껴지는 이 작업을 그나마 즐거움을 가지고 수행한 것은 학문의 목적이 '위기지학'(爲己之學)이라고 하던 고인(古人)의 말도 있듯이 여러 가지로 부족한 역자에게 많은 수신(修身)이 되었다. 평소 학문을 한답시고 책 속에 파묻혀 지내면서 자신을 되돌아볼 여유가 없었던 역자의 불초한 행동을 되돌아보게 하는 기회가 되었고, 나를 에워싸고 있는 사람들, 특히 부모님의 은혜에 다시 한 번 감사의 마음을 전한다. 그리고, 요즘 같은 어려운 상황에 이러한 고전의 출판을 선뜻 허락해 주신 김경희 사장님과 강숙자 선생님을 비롯해서 실무를 맡아준 편집부에 감사의 말씀을 전하고 싶다. 마지막으로 2년 동안 이 《원씨세범》을 수업시간에 같이 읽었던 성신여대 사학과 학생들에게도 고마움을 느낀다.

(이 번역서에서는 叢書集成初編本, 知不足叢書本, 《袁氏世範》과 賀沮禎·楊柳 注釋, 《袁氏世範》, 天津古籍出版社, 1995를 참고로 하였다. 대표적인 선행연구로는 Patricia Buckley Ebrey의 *Family and Property in Sung China ― Yuan Ts'ai's Precepts for Social Life Translated, with Annotations and Introduction*, Princeton University Press, 1984와 梁太濟, 《兩宋階級關係的若干問題―從《袁氏世範》說起》, 河北大學出版社, 1998이 있다.)

차 례

제 1 편   친척들과 화목하게 지내는 법

睦親

제2편   자기 자신을 다스리는 법

제3편 집안을 다스리는 법

治家

治家

남송시대의 행정구역도

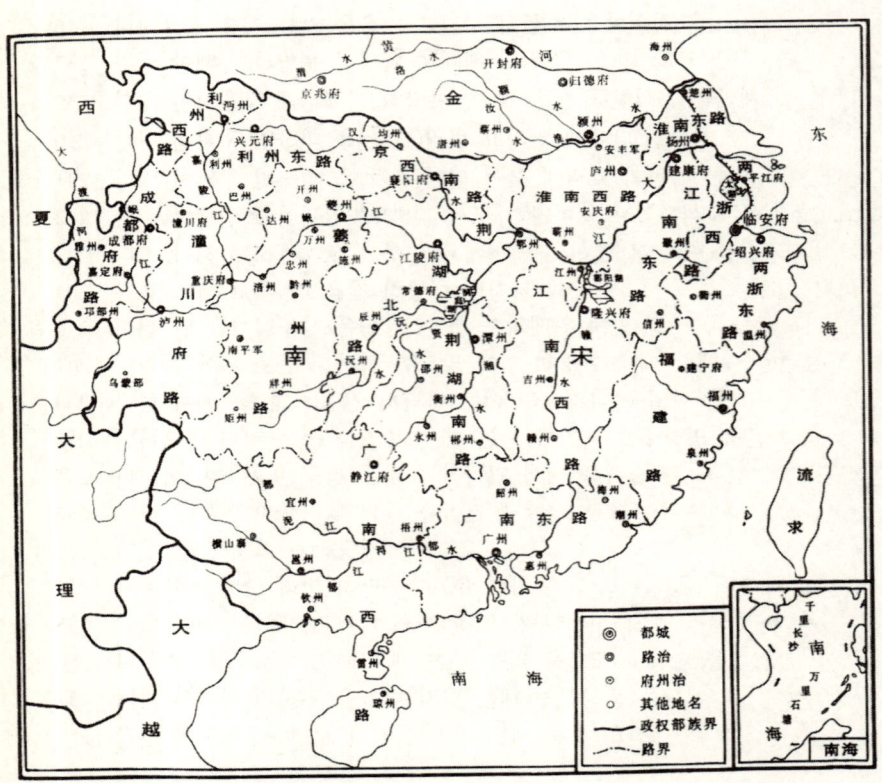

袁氏世範

    《원씨세범》(袁氏世範) 3권은 송대(宋代)의 원채(袁采)가 쓴 책이다. 《구주지》(衢州志)에 의하면 원채의 자는 군재(君載)이고 신안인(信安人)이며 진사 제3등으로 선발되었다고 한다. 궁벽한 군읍에 읍재(邑宰)가 되어 강명강직함으로 이름을 날렸으며, 벼슬이 감(監)에 이르러 이름이 검원(檢院)에 알려졌다.

    진진손(陳振孫)이 지은 《서록》(書錄)에 원채가 일찍이 낙청(樂淸) 고을의 원이 되어 현지(縣志) 10권을 지었다고 하니, 이 책은 곧 낙청에 있을 때에 지은 것이다. 목친(睦親), 처기(處己), 치가(治家) 3부로 나누어져 있으며, 훈속(訓俗)이라 제목을 붙였는데 판부사(判府事)인 유진(劉鎭)이 서문을 짓고 책이름을 고쳐 세범(世範)이라 하였다.

    이 글은 입신처세하는 도리에 대해서 반복, 상세하게 말하여 말세의 풍속을 깨우치려는 데 의도가 있었다. 이 글을 쓴 본뜻은 가정에 훈계하기 위하여 지은 것이기 때문에 이따금 비천(鄙淺)한 말이 있으나 대개는 명백, 절실하여 보는 사람이 이해하기 쉽다.

    이 글은 방현령(房元齡)이 지은 가계(家戒)와 정영(程寧)이 지은

가훈(家訓)과 같은 글과 더불어 서로 거론된다.《속통고》(續通考)에
또 원채가 정화현(政和縣) 현령이 되었을 때에《정화잡저》(政和雜
著)와《현령소록》(縣令小錄)을 지어 모두 볼 만하였다고 하니, 대체
로 원채는 풍화(風化)에 뜻이 깊은 선비라 할 만하다.

袁氏世範 自序

　　근세(近世)에 노사(老師)와 숙유(宿儒)들이 자기의 말로써 어록
(語錄)을 만들어 학자에게 전해 보이니 그것은 대개 자기가 깨달은
것을 천하의 사람들과 공유하려는 것이다. 그러나 그 의논이 모두
뜻이 정미하고 학자들은 조예가 미치지 못하여 부지런히 읽고 깊이
생각하여도 깨닫지 못하니 하물며 중등 이하의 사람이겠는가. 소설
(小說)과 시화(詩話) 같은 유에 이르러서는 자신에게만 좋을 뿐이요,
명교(名敎)에는 도움이 되지 않는다. 또 가훈(家訓)을 지어서 자손에
게 훈계한 것이 있으나 혹 상세하지 못하여 널리 전해지지 못했다.
나는 질박하고 비루하여 세속의 일을 논하기 좋아하나 잊어버리는
것이 많다. 사람들은 내가 한 말을 기억하나 나는 그것 또한 기억하
지 못한다. 그 뒤로 내가 말한 것을 내 손으로 기록하여 오랜 뒤에
편(編)을 이루었더니, 그것을 빌려서 기록하는 사람이 많았다. 능히
두루 응하지 못하여 이에 출판하여 전한다. 옛날에 자사(子思)가 중
용의 도를 말하는데 그 처음에 '부부의 어리석음으로도 가히 알 수
있고 부부의 불초함으로도 가히 행할 수 있으나 그 지극한 묘리(妙
理)에 있어서는 성인도 알지 못하고 행하지 못하여 천하에 찬다'고

하였으니 지금 천하에 찬 것으로써 사람에게 말한 것은 전인(前人)의 어록에 이미 많이 기록되어 있다[連篇累牘]. 지금 나는 부부가 알고 행할 수 있는 것으로써 세속에 말하여 농부와 규중 부녀로 하여금 심목(心目) 사이에 깨닫게 하려 한다. 사람의 마음이 같지 않아 시비(是非)하는 사람이 있겠지만, 그 중에 한두 사람이 아는 자가 있으면 거의 쟁송(爭訟)을 없애고 형벌을 덜어 풍속이 순후하게 될 것이니 성인이 다시 태어난다고 해도 나의 말을 폐하지 아니하리라. 처음에 내가 이 글을 속훈(俗訓)이라고 이름을 지었더니 판부동사(判府同舍) 유공(劉公)이 세범이라고 고쳤다. 내가 실상에 지나친 것 같아서 세 번이나 바꾸기를 청하였으나 들어주지 않아서 억지로 그 말을 따른다.

소희(紹熙) 원년 하지일에 삼구(三衢) 오파(梧坡) 원채(袁采)는
휘주(徽州) 무원현(婺源縣) 금당(琴堂)에서 씀.

重刊 袁氏世範 序

소노천(蘇老泉)*이 지은 《족보정기》(族譜亭記)의 뜻은 "공(工)을 쌓는 것이 본말이 있고, 시행하는 데 순서가 있다"는 데 주안점을 두었다. 또 전편이 오로지 지방에 명망 있는 사람을 들어 경계를 삼아, 그 말이 은밀하고 그 뜻이 장원하여 그 글을 보는 사람이 이따금 은미한 뜻이 의미하는 것을 아는 자가 없다.

이 《세범》은 '친척에 화목하고', '내 몸을 닦고', '가정을 다스리는데' 있어 명백하고 절실하지 않음이 없어, 사람이 알기 쉽고 따르기 쉽게 되었으니, 어찌 속훈(俗訓)이라고만 할 수 있겠는가. 곧 사해에 펼치고, 후세에 전하더라도 불가할 것이 없다. 오문(吳門)에 원우개(袁又愷)**가 여남(汝南)에서 가보를 만들때, 문헌을 모집, 망라하여 완성하였다. 그 중에 도재(陶齋), 사호(謝湖) 두 선생이 소중하게 간직한 《세범》을 얻어 가보 뒤에 붙여 발간하였으니 마치 하(夏)나라 구정(九鼎)과 상(商)나라 이(彝)과 같이 소중하여 찬연히 제사를 지내는 자리 위에 진열하여, 보는 사람으로 하여금 삼대 이하의 생각을 잊어버리게 하였다. 비록 원씨집의 세보(世寶)일 뿐만 아니라, 온 세상 사람이 받들어 모범으로 삼을 만한 글이다.

이 책이 일찍이 도남촌(陶南村)***의 《설부》(說郛)와 종서선(鐘瑞先)****의 당송총서(唐宋叢書)에 기재하였으나 잘못된 곳이 많았다. 지금은 송조선본(宋雕善本)에 속해 있는데, 정밀하게 교정하여 수백 년 밝혀지지 못했던 글을 원우개가 다시 간행함으로써 옛모습으로 돌아가게 되었으니, 이것은 진실로 작자의 후한 뜻인저!

건륭(建隆) 53년 무신(戊申) 입동일에
진택(震澤) 양복길(楊復吉) 찬(撰)

---

* 소노천(蘇老泉) : 소순(蘇洵, 1009~1066)을 말하며, 자는 명윤(明允), 호는 노천(老泉)이다. 후세에 소순은 노소(老蘇), 소식(蘇軾)은 대소(大蘇), 소철(蘇轍)은 소소(小蘇)라고 하여, 합하여 '3소'(三蘇)라고 칭하였다.

** 원우개(袁又愷) : 원정도(袁廷檮)를 말하는데, 우개는 자이다. 청 건륭(乾隆) 때의 사람으로 원채의 후손이다.

*** 도남촌(陶南村) : 도종의(陶宗儀)를 말함. 자는 구성(九成), 호는 남촌(南村)이다.

**** 종서선(鐘瑞先) : 종인걸(鐘人桀)을 말함. 자는 서선(瑞先)이고, 당송총서를 편집하였는데, 91종 149권이다.

袁氏世範 序

　　사람이 내가 선하기를 생각하며 또 사람들이 선하기를 생각하는 것은 군자의 마음이다. 삼구현(三衢縣)에 사는 원공군재(袁公君載)는 덕이 훌륭하고 행실이 온전하며 학식이 넓고 문장이 넉넉하다. 인군(人君)에게 논사(論思)를 헌납할 재능이 있는데도, 지방 한 고을에서 시행하는 데 그쳤다. 그러나 도를 배우고 사람을 사랑하는 정치는 옛날 노(魯)나라 자유(子遊)가 현가(弦歌)*로 무성(武城)을 다스리던 정사도 여기에 지나지 못할 것이다.

　　어느 날 나[鎭]에게 자기가 지은 책 몇 권을 보이면서, "이 글은 가히 인륜을 후하게 하고, 풍속을 아름답게 할 수 있을 것이므로, 내가 앞으로 이 고을에 간행하려 하니 그대는 나를 위하여 교정을 하고 서문을 지어 달라"고 하였다. 내가 그 글을 몇 개월 동안 충분히 읽고 상세히 살펴보았다.

　　1권은 '친척간에 화목하는 것'이요, 2권은 '자기 자신을 처세하는 것'이요, 3권은 '가정을 다스리는 것'이다. 권마다 각 수십 조목으로 그 말이 모두 정확, 상세하고 그 뜻이 돈후(敦厚) 곡진하여 익히고 행하면 진실로 효제(孝悌)도 할 수 있고, 충서(忠恕)도 할 수 있고,

선량(善良)도 할 수 있어 사군자의 행실을 가지게 될 것이다.

그러나 이 글이 어찌 낙청현(樂淸縣)에서만 시행될 뿐이리오. 사해(四海)에 시행해도 좋다. 어찌 일시에만 행할 수 있으리오. 후세에 시행해도 좋다. 아아! 공이 한 고을의 사람을 위하여 간절하게 내 몸 위하는 것으로써 남을 위하고자 함이 이 같은즉, 훗날 임금을 돕고 백성을 윤택하게 하여 천하를 겸선(兼善)시키기를 생각하는 마음을 알 수 있다.

내가 공과 더불어 태학(太學) 동사생(同舍生)으로 지금 이 책을 발간하는 데에서 저버리지 아니함을 입어 감히 천한 글로써 서문을 쓰고, 책 이름을 '세범'이라고 하려 하니 가한가? 군재(君載)의 이름은 채(采)이다.

순희(淳熙) 무술(戊戌)중 원일(元日)에 승의랑신권통판융흥군부사
(承議郎新權通判隆興軍府事) 유진(劉鎭)은 서함

나와 동년(同年)**인 정경원(鄭景元)이 나에게 편지를 보내어 말하길 "지난날에 사마온공(司馬溫公)이 이 글에 뜻을 두어 다만 '가범'(家範)***이라고만 하고, '세범'(世範)이라고 하지 않았다. 만일 일세(一世)에 모범이 되고자 한다면 기자(箕子)****의 홍범(洪範)이 있지 아니한가. 지금 세범이라고 이름을 고친 것에 대하여 사람들이 아첨한다고는 하지 않지만, 그 책을 받는 사람은 혹 참람하다 할 것이니 이전 이름처럼 훈속(訓俗)이라 하는 것이 마땅하다" 하였다. 이것은 진실로 확론(確論)으로, 바로 내 마음에 부합되니, 감히 따르지 않겠는가? 또 그 말을 위의 서문 아래 써서 보는 자로 하여금 유공(劉公)의 말에 반대하여 바꾼 것이 아님을 알게 하는 바이다. 채(采)는 삼가 쓴다.

26

* 무성현가(武城弦歌) : 《논어》 양화(陽貨)편에 "子之武城, 聞弦歌之聲"이라는 구절이 나온다. 지방관으로 나가서 자못 정적(政績)이 있는 경우를 비유하여 사용한다.

** 동년(同年) : 과거시험에서 같은 해, 같은 방(榜)에 합격한 사람들이 서로 칭하는 용어이다.

*** 가범(家範) : 북송대 사마광이 쓴 책이라고 하나 실제로는 찬(撰)했다고 볼 수 있다. 전체 19개의 항목이 10장으로 나누어져 설명되어 있다. 송대 사대부 가정에서 준수되었던 가정의 원칙을 이해하는 데 유용하다.

**** 기자(箕子) : 상나라 주(紂)왕의 숙부인데, 기(箕)라는 지역에 봉해졌으므로 기자라고 칭한다. 《상서》(尙書)에 홍범(洪範)편이 있는데 기자가 무왕을 위해서 지은 것으로 천지(天地)의 대법(大法)을 서술하였다.

睦親

제1편

친척들과 화목하게 지내는 법

성품은 억지로 맞추지 못한다

사람들의 절친함이 부자와 형제에 지나는 것이 없다. 그럼에도 부자 형제 사이에 친하지 못하는 것은 부자간에 혹 선(善)을 하라고 꾸짖고, 형제간에 혹 재물을 다투기 때문이다. 그러나 선을 책하거나 재물을 다투지 않으면서 서로 불화하는 자가 있으니, 사람들이 그 불화하는 것을 보고 옳고 그름을 가려내려 하나, 그 이유를 밝힐 수 없다.

대체로 사람들의 성품이 혹 너그럽고 느리며, 혹 편협하고 급하며, 혹 강하고 포악하며, 혹 부드럽고 나약하며, 혹 엄하고 진중하며, 혹 경솔하고 천박하며, 혹 조심하고 살피며, 혹 방탕하고 풀어지며, 혹 한가하고 안정한 것을 좋아하며, 혹 다투기를 좋아하며, 혹 소견이 좁은 자도 있고 넓은 자도 있어, 타고난 천성이 모두 서로 같지 않다.

아버지는 아들의 성질이 자기와 맞기를 바라나 아들의 성질이 반드시 그렇지 못하고, 형은 아우의 성질이 자기와 맞기를 바라나 아우의 성질이 따르지 않는다. 그 성질이 서로 맞지 않으면 말과 행실도 또한 맞지 않을 것이니, 이것이 부자와 형제가 서로 불화하는 근원이다. 하물며 일을 당하여 한사람은 옳다고 하고 한사람은 그르다고 하고, 한사람은 먼저 해야 한다고 하고 한사람은 뒤에 해야 한다고 하고, 한사람은 급히 해야 한다고 하고 한사람은 천천히 해야 한다고 하여 의견이 일치하지 않는 것이 이와 같다.

만일 서로 자기 생각과 같이 해야 한다고 하면 반드시 논쟁할 것
이고, 논쟁하여 이기지 못한 채 두세 차례에 이르고, 열 번 남짓에
이르면 불화하는 심정이 일어나 평생 반목하게 될 것이다.

만일 이러한 이치를 깨닫는다면 부형(父兄) 된 사람은 자제들에게
심정을 통하면서 자제들이 따르기를 바라지 말고, 자제 된 사람은
부형을 높이 받들면서 부형이 따르기를 바라지 아니한다면, 처신하
는 데 반드시 서로 화합하여, 어그러져 다투는 근심이 없을 것이다.

공자(孔子)가 "부모를 섬기는 데 기미(機微)로 간할지니, 부모가
나의 뜻을 따르지 않더라도 공경하여 어기지 말고 수고로워도 원망
하지 말라"*고 하였다. 이것은 성인이 사람에게 집을 화목하게 하는
것을 가르쳐 준 중요한 방책이다. 마땅히 잘 생각해야 한다.

* 《논어》 이인(里仁)편에 나오는 말이다.

사람은 반드시 반성을 중시해야 한다

사람들이 부자간에 혹 자기의 도리를 다할 것은 생각하지 않고 상대방을 문책하는 것은 더욱 불화의 길을 여는 것이니, 만일 각자가 서로 반성한다면 무사할 것이다.

아버지 된 자가 '내가 지금은 아버지가 되었으나, 지난날에는 아버지의 아들이었다. 내가 지난날에 부모를 섬기는 데 매사를 모두 선하게 했다면, 나의 아들이 나의 행실을 보고 들어서 내가 가르치지 않아도 본받을 것이지만, 내가 부모 섬기는 도리를 다하지 않고 자식을 책망한다면 어찌 마음에 부끄럽지 않겠는가', 아들 된 자는 '내가 지금은 아버지의 아들이지만 훗날에는 아버지가 될 것이다. 지금 아버지가 나를 이같이 기르시고 가르치시니 그 덕이 아주 두텁다. 앞으로 내 자식 대하기를 아버지가 나에게 대하던 것과 같이 한다면 천지에 부끄러움이 없을 것이거니와 만일 그렇지 않다면 나의 자식만 저버릴 뿐 아니라 무슨 면목으로 부모를 보리오'라고 생각해야 한다.

그러나 세상에 선한 아들이 된 자는 항상 선한 아버지가 되고, 부모에게 불효한 자는 항상 그 자식을 학대하니, 이것은 다른 이유가 아니다. 어진 사람은 능히 반성하여 어디를 가나 선하지 않음이 없고, 어질지 못한 자는 능히 반성하지 못하여 자식이 되어서는 부모를 원망하고 아버지가 되어서는 자식을 학대한다. 그런 즉 반성이란 것은 오직 어진 사람에게만 말할 수 있다.

부자 사이에는 사랑과 효도가 중요하다

　자애로운 아버지가 패가(敗家)하는 자식을 두는 경우도 있지만, 자식은 효도하는데도 아버지가 알아주지 않는 경우도 있다. 대체로 보통 사람의 성질은 강한 자를 만나면 피하고 약한 자를 만나면 방자하다.

　아버지가 엄하면 자식이 두려워하여 비행을 저지르지 못하고 아버지가 관대하면 자식이 마음놓고 악을 자행한다. 자식의 불초를 아버지가 많이 용서하며, 성실한 자식을 아버지가 질책하는 사람도 있다.

　오직 어질고 지혜로운 사람에게는 이상과 같은 근심이 없다. 형은 우애하는데 아우는 공손하지 않고, 아우는 공손한데 형이 우애하지 않으며, 남편은 정직한데 아내가 불손하며, 아내는 유순한데 남편이 바르지 않는 사람이 있으니, 이도 또한 이쪽이 강하면 저쪽이 약해지고, 이쪽이 약하면 저쪽이 강해지는 습성이 점점 쌓여서 그렇게 되는 것이다.

　아버지가 다른 사람의 불초한 자식을 들어 아들을 깨우쳐 주고, 아들이 다른 사람의 어질지 못한 아버지를 들어 아버지에게 알려주면 아버지가 사랑하매 아들이 더욱 효도하고, 아들이 효도하매 아버지가 더욱 사랑하여 편벽되게 기울어지는 근심이 없을 것이다. 형제와 부부에 이르러서도 또한 다른 사람의 잘못을 들어 경고하면 어찌 우애하고 공손하고 정직하고 유순하지 못함을 근심하리오.

가정 생활에는 관용이 중요하다

　　예로부터 사람이 살아가는데 어질고 어질지 않은 사람이 서로 섞이게 된다. 혹 부자 모두 어질지 못하거나, 혹 형제 모두 착하지 못하거나, 남편이 방탕하거나, 아내가 포악하거나 하여, 한 가정 안에 이러한 근심이 없는 사람이 적으니, 비록 성인이라도 또한 어떻게 할 수 없다.

　　이는 비유하건대 사람 몸에 종기나 흉터, 사마귀나 혹이 있는 것과 같아서 아무리 흉하더라도 없애버릴 수 없으니, 오직 마음 너그럽게 처신해야 한다.

　　만일 이런 이치를 안다면 마음이 편안할 것이다.

　　옛사람들이 이른바 부자 형제 부부 사이에는 말하기 어려운 것이 있다고 한 것이 이와 같은 것이다.

부형(父兄)에게는 자잘못을 가릴 수 없다

　아들이 아버지에 대한 것과 아우가 형에 대한 것은, 마치 졸오(卒伍)*들이 장수에 대한 것과 서리(胥吏)**가 상관에 대한 것과 노비가 상전에 대한 것과 같아서, 가히 동년붕우(同年朋友)들과 같이 일마다 옳고 그름을 따질 수 없다.

　만일 부형의 언행에서 실수가 현저하여 날마다 덮어둘 수 없다면 자제 된 사람은 다만 화순(和順)한 말로 듣기 좋게 간할 뿐이요, 만일 부형이 부정한 말로 책망한다면 자제는 더욱 순하게 받아들이고 변론해서는 안 되고, 부형은 마땅히 스스로 반성해야 한다.

---

　* 졸오(卒伍) : 졸과 오는 군대에서 사병(士兵)의 편제(編制)이다. 100명이 1졸이 되고, 5명이 1오가 된다.

　** 서리(胥吏) : 중국에서 관료기구의 하부구조를 이루는 것으로, 송대 이후 특히 발달했다. 처음에는 역(役)으로 출발했으나 점차 전문지식을 갖추게 되면서 직업화되었다. 관(官)이 중앙정부에 의해 충분한 자격을 인정받은 고등관이라면, 리(吏)는 정식으로 임명받지 않고, 관아에서 필요에 따라 채용하였다. 사인 관료는 실무지식의 결여 때문에 서리의 도움을 필요로 하였으므로 서리가 실질적인 행정업무를 많이 담당하였으며 점차 관료제로 편입되어 갔다.(신태광, 〈송대서리연구〉, 동국대학교 박사학위청구논문, 1996)

사람은 참는 데 잘 처하는 것이 중요하다

사람들이 말하기를, "가정이 오래 화목한 것은 잘 참는 데서 근본한다"고 하였다. 그러나 참을 줄만 알고, 참는 데 처(處)하는 방법을 모르면 그 실수가 더욱 크다.

대체로 참는 데는 혹 가슴속에 간직한다는 뜻이 있으니, 사람이 나에게 범하는데도 내가 참고 가슴속에 간직하여 겉으로 드러내지 않으나 그것은 한두 번에 지나지 않는다. 마음속에 쌓이는 것이 오래되고 많으면, 나중에 폭발하는 것이 홍수가 터지는 듯하여 막을 수 없어 도리어 해가 된다.

대개 참아야 할 일을 만나면 그때그때 즉시 풀고 마음속에 쌓아 두지 말고 '이것은 생각하지 않아도 될 일이다, 이것은 몰라도 되는 것이다, 이것은 실수이며 과오이다, 이것은 소견이 좁아서이다, 이것은 손익이 얼마 안 되는 일이다'고 하여 내 마음속에 간직해 두지 않으면, 비록 날마다 나에게 범하는 것이 십여 차례 있다 하더라도 나는 말로 드러내지 않고 얼굴에 나타내지 않게 된다.

이러한 후에 참는 공효가 아주 큼을 알 수 있으니, 이것이 이른바 참는 데 처하기를 잘한다는 것이다.

친척간에 인심을 잃어서는 안 된다

　친척간에 인심을 잃는 것이 처음에는 매우 사소한 실수에 근본하여 나중에는 해결할 수 없는 지경에 이르니, 그것은 다만 처음에 인심을 잃은 뒤에 각자가 고집을 세워 먼저 굽히지 않기 때문이다.
　친척간에 아침저녁으로 대하다 보면 서로 실수가 없지 않을 것이니, 서로 실수한 뒤에 한 사람이 먼저 목소리를 낮추어 말하면 피차 대하는 것이 평상시와 같아질 것이니 깊이 생각해야 한다.

🕊️ 가장(家長)은 마땅히 받들어 따라야 한다

　홍성한 집에서는, 장유(長幼)가 모두 화합하고 협동하는 것이 욕구를 이루어 다투는 일이 없다. 파탕(破蕩)한 집에서는, 처자들이 잘못이 없는데도 가장이 매양 질책이 많은 것은 의식이 부족하고 모든 것이 여의치 못하여 쌓인 근심을 토로할 곳이 없어 처자에게 노출시키는 것이니, 처자들이 그것을 안다면 더욱 받들어 따라야 한다.

부부가 마주보고 앉아 있는 모습

노인의 뜻에 잘 맞추라

　나이 많은 사람은 말하는 것이 어린아이와 같으며, 이익이 적은 돈이나 재물을 얻기 좋아하고, 작은 선물의 음식이나 과일 받기를 좋아한다. 그리고 어린아이들과 친하게 놀기를 좋아하니, 자제 된 자는 이것을 알아서 어버이의 뜻을 맞추면 환심을 얻을 것이다.

효행은 성실하고 돈독한 것이 중요하다

　효행이 돈독한 성심(誠心)에 근본하면 말단인 형식 절차가 부족하더라도 천지와 귀신을 감동시킬 수 있다. 세상사람들이 돈독한 정성은 쓰지 않고 형식과 용모로 효행을 삼는 자는 천지·귀신에 베임을 당하지 않으면 다행일 것이니, 어찌 대대로 효행을 지켜 집안이 융성하기를 바라겠는가.

　진실로 이런 이치를 안다면 지금부터 사물을 접하는 데 정성을 다하지 않을 수 없을 것이다. 유식한 군자는 시험삼아 성실한 자와 성실하지 아니한 자에 대하여 어느 쪽이 오래가며, 어느 쪽이 효험이 많은가를 비교해 보라.

사람은 반드시 효도를 해야 한다

　사람이 어릴 때에는 부모를 간절하게 사모하고, 부모는 자식이 어릴 때에 사랑이 더욱 두터워 보살피지 않는 것이 없으니, 대체로 혈기가 처음 나누어진지가 멀지 않기 때문이다. 또 어린아이의 목소리와 웃음과 용모가 자연히 사람에게 사랑을 받게 되니, 이것 역시 조물주가 만든 자연의 이치로서, 만물로 하여금 무궁하게 생산하도록 만든 것이다.

　비록 날짐승, 들짐승과 같은 미물도 그 새끼가 처음 알과 태를 벗은 뒤에는 쪼아 먹이고, 젖먹일 때에 극진하게 사랑하며, 그 새끼를 해치는 자가 있으면 자기 몸을 돌보지 않고 보호한다.

　사람은 자식이 이미 자란 뒤에는 명분이 엄해지고 인정이 멀어져서 부모는 사랑을 다할 도리를 찾고 자식은 효도를 다할 도리를 찾는데, 짐승은 조금 자라면 어미와 새끼가 서로 알지 못하니 이것이 사람과 짐승이 서로 다른 바이다.

　그러나 부모가 자식이 어렸을 때 양육하는 깊은 정은 이루 다 말할 수 없다. 자식이 비록 평생 부모의 마음을 맞추어 봉양하여 효도를 극진히 하더라도 결국은 어려서 부모가 사랑해 기른 은혜를 갚지 못하거든 하물며 효도란 꽃이 없어서 되겠는가?

　부모에게 효도를 다하지 않는 사람은 다른 사람들이 어린아이를 양육하는 모습을 지켜보면, 그 애정이 어떠한가를 마침내 깨달을 수가 있을 것이다. 천지가 만물을 생육하는 도에 있어 사람에게 맞는 것이 지극히 넓고 지극히 큰데도 사람으로서 그 은덕을 갚는 것이 어디에 있는고. 허공을 향하여 분향재배하며 혹 도사나 승려를 불러서 상제에게 제사하면 능히 그 은덕을 갚는다 하니, 그것으로써 과연 만분의 일이나 갚을 수 있는가. 더욱 그 중에 천지를 원망하고 나무라는 자가 있으니 모두 반성하여 생각하지 못한 잘못이다.

부모를 봉양하는 남편을 돕고 있는 아내(北宋代)

자식을 자기 마음대로 미워하고 사랑해서는 안 된다

사람들이 자식을 두는데 대개 어렸을 때는 사랑으로써 추한 것을 잊어버려, 멋대로 구하고 멋대로 하게 하여 이유 없이 소리 지르며 울어도 금지시키지 않고 오히려 유모만 나무란다. 어린아이가 제 친구들을 깔아 눌러도 경계하지 않고 도리어 다른 사람을 책망한다. 누가 혹 그렇게 하는 것이 옳지 않다고 하면 어린아이는 책망할 수 없다고 한다.

세월이 지나면서 악을 키워 나가니, 이것은 부모가 자식을 왜곡되게 사랑하는 실수이다. 그 아이가 나이 들면, 사랑하는 마음이 점차 성글어져서 약간의 잘못이 있어도 매우 미워하고, 적은 허물을 캐내 큰 잘못으로 인정하여, 친구를 만나면 교묘한 말로 꾸며대어 일일이 들추어 단연코 큰 불효의 이름을 붙인다.

그러나, 그 자식은 실로 아무 죄가 없으니 이것은 부모가 함부로 미워하는 실수이다. 대개 이런 잘못은 아버지보다 어머니가 더 많으니, 아버지 된 자가 내용을 알지 못하면 어머니의 말을 따라 믿고 해결하지 못할 것이다. 아버지 된 자는 이러한 것을 자세히 살펴 자식을 어려서는 엄하게 대하고 어른이 되어서는 사랑을 박하게 하지 말아야 한다.

44

자식에게 반드시 직업을 갖게 하라

사람이 자식을 두면 모름지기 직업을 갖게 해야 한다. 비천한 사람이 직업을 가지면 춥고 굶주림에 이르지 않고, 부귀한 사람이 직업을 가지면 그릇된 행동을 하지 않는다.

부귀한 집의 자제들이 술과 여자와 도박을 좋아하며, 괴상한 의복으로 수레나 거마(車馬)를 장식하고, 모든 소인배를 사귀어 가업을 파멸하는 자는 그 본심이 불초해서 그런 것이 아니고, 하는 일 없이 세월을 보내다가 드디어 나쁜 마음이 생겨서 그런 것이다.

소인배는 나쁜 행동을 칭찬해 주면 음식을 얻어먹거나 돈, 재물을 얻어 쓰는 이득이 있어 항상 틈을 타서 비행을 돕는 것이니, 자식된 자는 마땅히 통철하게 각성해야 한다.

자제들의 학업을 그만두게 해서는 안 된다

　　대저 부귀한 집에서 자제에게 글을 읽게 하는 것은 과거에 응시하고 성현의 덕행 속에 담긴 심오함을 탐구하게 하는 것이다. 그러나 운명에 궁달(窮達)이 있고 성품에 혼명(昏明)이 있으니, 반드시 성공에 도달해야 한다고 책망할 수 없고, 성공에 도달하지 못한다고 학업을 그만두게 해서는 안 된다.

　　대체로 자제들이 글을 알면 자연히 무용(無用)의 쓰임이 있다. 사전(史傳)은 고사(故事)를 기재했고, 문집은 문장을 모아 두었고, 그 밖에 음양(陰陽), 복서(卜筮), 방기(方技), 소설(小說) 등에는 재미있는 말이 있고, 책 분량이 많아서 단시일에 끝마칠 수 있는 것이 아니다.

　　자제들이 이런 책들과 함께 하면 자연히 유익이 있어 다른 길로 나가지 않게 되고, 또 유익한 친구와 선비들과 상종하여 담론하게 된다. 어찌 매일 포식하고 세월을 보내면서 마음 쓰는 일 없이 소인의 무리와 함께 그릇된 행동이나 하겠는가?

자식을 가르치는 일은 어릴 때부터 해야 한다

사람이 여러 명의 자식을 두었으면 음식과 의복의 은혜를 균일하게 하지 않으면 안 되고, 장유와 존비의 등분(等分)을 엄하고 삼가하지 않아서는 안 되며, 현부(賢否)와 시비(是非)의 행적을 분별하지 않아서는 안 된다.

어려서 공평한 사랑을 보이면 자라서 재물을 다투는 근심이 없고, 어려서 엄하고 삼가하는 것을 가르치면 자라서 어그러지는 근심이 없고, 어려서 분별하는 바가 있으면 자라서 악행을 저지르는 근심이 없다.

지금 사람들은 좋아하는 자식에게는 사랑이 두텁고, 미워하는 자식에게는 사랑이 박하여 처음부터 균평하지 못하거늘, 어찌 훗날에 다투지 아니할 것을 보장하며, 어린아이가 어른에게 범하며 어른이 어린아이를 능멸하되, 처음부터 훈계하고 책망하지 아니하면 어찌 훗날 어긋나지 않는다고 보장하리오!

어진 자가 미움을 받고 어질지 못한 자가 사랑을 받는 것을 처음부터 공평하게 하지 못하면, 어찌 훗날에 악인(惡人)이 되지 않으리라 보장하리오!

부모가 자식을 사랑함에 공평하게 하는 것이 중요하다

   형제가 불화하여 가정이 파국에 이르는 것은, 부모의 미워하고 사랑함이 편벽된 데서 비롯된다. 의복과 음식과 언어와 행동거지가 사랑하는 사람에게는 후하고 미워하는 사람에게는 박하여, 사랑 받는 자는 심기가 점점 거칠어지고 미움 받는 자는 심기가 늘 불평스럽다.

   이런 감정이 오래 쌓인 뒤에는 오히려 원수가 되어 이른바 사랑한다는 것이 도리어 해가 된다. 부모가 사랑을 고르게 하면 형제가 자연히 서로 화목하여 모두 완전할 것이니 어찌 매우 좋은 일이 아니겠는가?

부모는 항상 아들의 가난을 염려한다

　부모가 모든 아들 중에 유독 가난한 아들을 보고 항상 불쌍하게
여겨 의복과 음식을 나누어 줄 때 편벽되게 사사로운 마음을 갖는다.
　부자인 아들이 부모에게 물건을 드리면 그것을 바로 가난한 아들
에게 넘겨준다. 이것은 부모가 균일하게 쓰는 마음이거늘, 부자로
사는 아들은 그것을 원망하나 이것은 거의 생각하지 않아도 될 일이
다. 만약 내가 가난했더라면 부모는 반드시 그 마음을 나에게로 옮
겼을 것이다.

자손은 마땅히 사랑하고 아껴야 한다

　자손들이 일하는 것이 내 마음에 거슬리더라도 심하게 미워해서
는 안 된다.

　대체로 내가 지난날에 사랑했던 자손들이라고 반드시 효도를 하
는 것은 아니다. 혹 일찍 죽어 버려, 내가 늙어서 의탁하고 죽은 뒤
에 장사하고 제사지내는 자손은 대개 지난날에 미워하던 자손이다.

　그 밖의 친척도 대개 그러하니, 다른 사람들이 경험한 일로써 미
루어 보라.

어린아이 모양의 베개

50

부모는 대체로 어린 자식을 사랑한다

같은 어머니의 아들로서, 성장한 아이는 부모에게 미움을 받고 어린아이는 부모에게 사랑을 받으니 이런 이치는 알 수 없다.

그 이유를 자세히 생각해 보니, 대개 사람이 출생하고 한두 살에는 말과 웃음과 행동이 자연히 사람의 귀여움을 받아, 비록 남이라도 사랑하는데 하물며 부모이겠는가?

그러다가 서너 살에서 대여섯 살이 되면 제멋대로 울어대며 많은 잘못된 행동으로 혹 그릇을 깨고 위험을 저질러 온갖 행동이 다 남에게 미움 받을 짓이며, 또 어리석고 완악하여 남의 훈계를 받아들이지 않으므로 부모도 매우 미워한다.

그 아이가 자라 미움을 받을 무렵이면 그의 아우가 한두 살로 사랑 받을 때이다. 그러므로 그 부모가 큰 아이 사랑하던 마음을 옮겨 다시 그 아우를 사랑하여 형을 미워하고 아우를 사랑하는 마음이 이 때부터 나누어져 그대로 뻗어 나간다. 그 아우도 미울 때가 없지 않겠지만 그 사랑이 변하지 않고 끝까지 이어지니, 이것이 부모가 막내아들을 많이 사랑하는 동기이다.

그러니 자식 된 사람은 마땅히 부모의 사랑이 누구에게 있는지를 알아서 맏아들은 조금 양보하고 아우는 기를 억제해야 한다. 부모 된 사람은 또 모름지기 이것을 깨달아 차츰차츰 사랑을 옮겨가야지, 임의로 행동하여 맏아들은 원망을 품고 막내아들은 방종하여 가정을 파멸시키지 말아야 한다.

조부모는 장손(長孫)을 무척 사랑한다

부모는 장자를 많이 사랑하지 않는데 조부모는 장손을 항상 극진히 사랑하니 그 이유를 알 수가 없다. 어찌 부모가 막내아들을 사랑하는 것으로 장손에게 옮겨가겠는가?

송대 어린아이들의 머리 모양

시부모는 마땅히 높이 받들어야 한다

　무릇 자식 된 사람의 심성과 행실은 크게 다르지 않지만, 후모(後母)가 있는 아들은 유독 아버지에게 사랑을 받지 못한다. 아버지가 본부인이 없고 총애하는 비첩(婢妾)을 둔 사람도 역시 그러하다. 이것은 진실로 아버지가 사적인 사랑에 빠져서 그러한 것이다. 그러나 자식 된 자는 마땅히 한결같이 아버지의 뜻을 받들어 따르면 오랜 뒤에 자연히 화합할 것이다.

　무릇 며느리 된 사람의 심성과 행실이 크게 다르지 않지만, 시누이가 있는 경우는 시부모의 좋아하는 바가 되지 못하니, 이것은 진실로 시부모의 편벽된 사랑으로 인해서이다. 그러나 며느리 된 자가 한결같이 공손하게 받들면 오랜 뒤에 자연히 깨달을 것이다.

　만일 아버지나 혹 시부모가 끝내 깨닫지 못한다면 아들과 며느리 된 사람은 어떻게 할 수 없고 존경하며 그대로 지내야 한다.

한집에 사는 사람은 공평한 마음을 갖는 것이 중요하다

　형제와 자질(子姪)이 한집에 살면서 서로 불화하는 것은 크게 다투는 것이 아니다. 그 중에 한 사람이 마음 씀씀이가 공평하지 못하여 자기의 이익만 주장하여 털끝만한 이익도 남 먼저 취하고, 여러 사람이 같이 나눌 때는 더 많이 얻으려고 싸움의 단서를 만들어 가산을 탕진하여 소소한 이익으로 인하여 큰 환란을 부른다.

　만일 이러한 이치를 미리 알아서, 각각 공평한 마음을 가지고 내 물건은 내가 취하고 공중(公衆)의 물건은 공적인 것으로 여겨, 비록 수십 전에 불과한 과일과 같은 것이라도 고르게 나눈다면 어찌 다투는 일이 있으리오!

한집에 같이 사는 데는 어른·아이의 화합이 중요하다

　형제와 자질(子姪)이 한집에 살면서, 어른은 어른이라 하여 아랫사람을 무시하고 재물을 전용하여 따뜻하고 배부름의 편리함을 취하고, 자기의 재물로 삼아 지출내역의 장부를 아랫사람들이 보지 못하게 하면, 아랫사람은 춥고 배고픔을 면하지 못하여 싸움이 생길 것이다.

　또 어른은 처사가 공평한데, 젊은이가 순종하지 않고 집안의 재물을 훔쳐 비리를 저지르면, 집안이 더욱 화합하지 못할 것이다.

　만일 가장이 가사의 대강을 총괄 유지하고, 젊은이가 세무를 분담하여 어른은 젊은이와 의논하고, 젊은이는 어른에게 순종하여 각각 공심(公心)을 다하면 자연히 싸움이 없을 것이다.

형제의 빈부는 같지 않다

　형제와 자질(子姪)의 빈부(貧富)와 후박(厚薄)이 같지 않다.

　부자인 자는 독선의 마음을 가지고 또 오만한 태도가 많고, 가난한 자는 근면한 마음이 없고 질투가 많으니, 이것이 서로 화합하지 못하는 것이다.

　부유한 사람은 때로 여분의 재물을 나누어 주고 은혜 모르는 것을 근심하지 말고, 가난한 사람은 자기의 정해진 분수를 알고 남의 은혜 입기를 바라지 않는다면 어찌 다투는 일이 생기리오!

재산을 나눌 때는 공평하게 하는 것이 중요하다

　나라에서 법을 만들 때, 재산을 나누는 일에 대하여 매우 자세히 했으나, 남을 속이고 사욕을 부려 전매(典賣) 계약서에 거짓으로 아내의 재산이라 하여 맡기고, 또 가명으로 다른 사람의 재산으로 두지만, 관가에서는 그러한 근거를 밝히지 못한다.

　또 가난한 집에서 출생하여 부조(父祖)의 재산을 받지 못하고 자수성가(自手成家)하기도 하며, 혹 조상의 재산이 있어도 그 재산을 이용하지 않고 자기 재산을 늘렸는데, 동종(同宗) 사람들은 그 재산을 나누고자 하여 주현관부(州縣官府)에 가서 청하여 수십 년 만에 각각 재산을 탕진하고 만다.

　부유한 사람은 반성해야 한다. 과연 여러 사람으로 인하여 재산을 일으키고 가난한 사람에게 나누어 주지 않으면 어찌 마음에 꺼리끼는 바가 없으리오! 스스로 재산을 일으켜 가난한 자에게 나누어 주면 겉으로는 고상한 의리이고 안으로는 음덕(陰德)이니 여러 해 소송하여 가사를 해치고 재산을 낭비하며 관리에게 재물을 낭비하는 것보다 낫지 않겠는가?

　가난한 사람도 마땅히 생각해 보아야 한다. 저 부자가 실로 남의 것을 빼앗았다고 하나 또 수고롭게 재물을 모은 것이니 어찌 모두 나누어 줄 수 있겠는가? 실상 저 사람의 재물인데 내가 그것을 받으려 한다면 어찌 부끄럽지 않겠는가? 진실로 이런 것을 안다면 나누어 받는 것이 비록 적더라도 소송하는 비용은 없을 것이다.

같이 살면서[同居] 재물을 따로 저장해서는 안 된다

형제와 자질이 같이 살면서 단독으로 자기의 재물을 많이 모아 두고, 나중에 동거자에게 분석(分析)당할까 염려하여 그 재물을 팔아 금은 같은 것을 사서 몰래 간직하는데, 이것은 매우 어리석은 일이다.

만일 백천(百千)의 금은으로서 전산(田産)을 산다면 해마다 십천의 이익을 얻을 것이요, 10년 뒤에는 백천의 돈은 내 것이고 동거인에게 나누어지는 것은 모두 이식이다.

백천의 본전에서 이식이 늘어 그것을 전질(典質)에 맡겨 운영하여 3년 뒤에 이자가 배가 생기면 백천은 나의 것이요, 나누어지는 것은 모두 이자이다. 또 3년을 지나고 또 3년을 지나 두 배가 되면 그 이득이 한량없다. 어찌하여 그것을 상자에 감추어두고 그 이득으로써 여러 사람들을 이롭게 하지 않는가?

내가 보니 세상사람들이 자기의 재물을 타인에게 빌려 주어 가업을 경영하게 하고 오랜 뒤에 그 본전만을 찾아가는 자가 있는데 그 집안이 모두 부유하여 형제와 자질들이 면면이 이어가는 것은 마음을 선하게 가진 보답이다.

또 남의 재물을 빼앗아 처가에 맡기고 혹 내외 인척(姻戚)의 집에 부탁하였다가 그 사람들이 써서 없어져 찾지도 못하고, 또 찾아도 얻지 못하는 자가 많다. 또 처가와 인척 집의 재산으로 만들었다가 그 사람의 소유가 된 것도 있다. 또 아내의 이름으로 재산을 만들었

다가 본인이 죽고 아내가 개가할 때 따라간 재산도 많으니 모든 군
자들은 이것을 거울삼아 주의해야 한다.

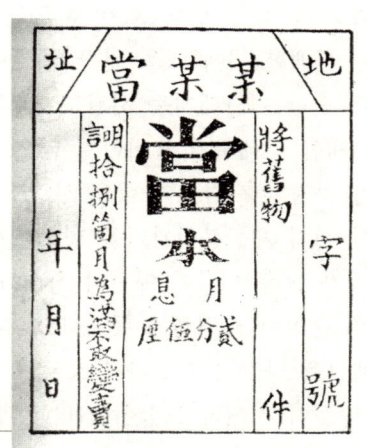

당표(當票)의 모양

재산을 나눌 때에 타산하지 말아야 한다

　형제가 동거하는데 갑은 부유하여 항상 을이 침해를 받을까 염려하다가 십여 년 사이에 갑은 파산하고 을은 돈을 많이 벌기도 한다. 혹 갑이 망하면서 그 아들이 자립하지 못하여 을이 도리어 갑의 침해를 당하는 경우도 있다.

　형제가 재산을 나누는데 분배받는 사람이 몫을 팔면 자기가 그것을 취하려 하여 분석한 전산(田産)을 조각조각 나누거나 혹 양쪽의 것은 형제에게 나누어 주고 자기는 중간을 차지했다가 형제들은 팔지 않고 자기가 먼저 팔아 도리어 형제들에게 빼앗기는 경우도 많다.

　제부(諸父)가 죽은 뒤에 제자(諸子)들이 재산을 나누는데 형제가 없는 자는 분배한 뒤에 더욱 번창하고, 형제가 많은 자는 재산을 분배한 뒤에 점점 가난해지는 사람도 있다. 형제가 많은 사람이 다른 아들들과 재산 분배하기를 바라지 않고도 형제가 각자 창성하여 재산을 혼자 차지한 사람보다 나은 사람도 있다. 형제가 많은 중에 나만 재산이 적어 재산분할하기를 힘쓰다가 분할한 뒤에 점점 가난해지고, 형제가 많은 사람이 여전히 창성하는 것만 같지 못한 자도 있다. 재산의 분할이 공평하지 못하다고 자주 관가에 가서 분할하기를 청하여 재산을 나누어 가졌다가 도로 파산한 사람도 있다.

　세상사람들이 지혜와 모략이 천리(天理)를 이기지 못하는 것을 안다면 반드시 소송을 일으키는 마음을 갖지 않을 것이다.

60

형제는 서로 사랑하는 것이 중요하다

형제가 같이 사는 것은 세상에서 아름다운 일이다. 그러나 중간에 한사람이 일찍 죽으면 부형과 자질들의 사랑이 점점 멀어져서 마음이 한결같지 않다. 어른이 젊은이를 기만하는 자도 있고, 또 젊은이가 어른에게 무례한 사람도 있어 함께 살면서 서로 다투는 자는 서로 미워하는 것이 남보다 심하니, 지난날 동거의 아름다운 일이 도리어 불미스럽다.

그러므로 형제가 분가하려면 일찍이 계획을 세워야 한다. 형제가 서로 사랑하면 비록 거처를 달리하고 재물을 달리하더라도 효도와 의리에 해가 되지 않지만, 한 번이라도 서로 다투면 효도와 의리가 어느 곳에 존재하겠는가?

가정의 모든 일은 각자가 살펴야 한다

　형제와 자질이 출입문을 함께 하면서 호적(戶籍)을 달리하고 사는 사람은 모든 일에 서로 살펴야 하고 어린아이와 종들이 소란을 일으키지 못하게 해야 한다. 이것이 비록 사소한 일이나 모두 분쟁을 일으키는 단서가 된다.

　또 여러 사람이 사는 가정에 한사람은 청소를 부지런히 하는데 한사람은 전혀 돌보지 않고, 자기 자식과 종의 아이가 낭자하게 어지럽히는 것을 말리지 않고 또 말리는 사람을 못 말리게 하면, 서로 노하고 꾸짖고 다투는 일이 여기에서 생기게 된다.

동거하는 사람에게는 너그럽게 대하는 것이 중요하다

　동거하는 사람 중에 어질지 못한 자가 있어 비리의 행동으로 소란 일으키기를 한두 번 정도 하면 말할 수 있지만, 백에 하나도 옳은 것이 없는데 일일이 변론하는 것은 난처하다. 동향인(同鄕人)과 동관인(同官人) 사이에도 이러한 일이 있으니, 마땅히 마음을 너그럽게 써서 어찌할 수 없다고 생각해야 한다.

형제간에 우애하고 조카를 사랑하라

   아버지의 형제를 백부(伯父), 숙부(叔父)라 하고, 그 아내를 백모(伯母), 숙모(叔母)라 하여 그분들의 복(服)을 부모보다 한 단계 낮추는 것은 나를 양육하고 교육시킨 것이 부모와 같기 때문이요, 형제의 아들을 유자(猶子)라 하는 것은 역시 나를 받들어 효도하는 것이 자식과 가깝기 때문이다.

   그러므로 어려서 부모가 없는 사람은 조카가 있으면 의지할 곳이 있으니 이것이 성왕이 예법을 만드신 본뜻이다. 지금 사람들은 그렇지 아니하여 자기 자식은 사랑하면서 형제의 자식은 돌보지 않는다. 또 부모 없는 조카의 재물을 가지고자 하여 온갖 방법으로 저해하니, 그렇게 하고서 어떻게 조카의 효도를 바라리오! 그러므로 조카도 백숙(伯叔) 부모 보기를 원수같이 생각한다.

형제간에 화목하고 자식을 잘 가르쳐야 한다

　사람들이 모두 자기 자식은 사랑하면서 형제간에는 원수같이 지내는 자가 있다. 그래서 그 아들이 아버지의 뜻을 따라 백부(伯父)와 숙부(叔父)에게 공손하지 않는 자가 있으니, 나의 형제는 곧 아버지의 자식이요, 나의 여러 아들은 훗날 서로 형제가 되는 것을 알지 못한 것이다. 내가 형제간에 불화하면 나의 모든 아들이 본받아 불화할 것이니, 그때 불화를 막을 수 있겠는가?

　자식이 백부(伯父), 숙부(叔父)에게 공손하지 못한 것은 곧 아버지에게 불효하는 조짐이다. 그러므로 나의 아들들이 서로 화목하기를 바란다면 내가 형제와 화목하는 것을 보여야 하고, 내 아들이 나에게 효도하기를 바란다면 내가 백부, 숙부를 잘 섬겨야 한다.

등뒤에서 하는 말은 듣지 말아야 한다

　무릇 집안의 자제와 부녀들은 남의 말 전하기를 좋아하여, 비록 성현(聖賢)과 같이 살더라도 싸우지 아니할 수 없다. 또 사람들이 하는 일이 모두 옳지 못하여 사람들 마음에 다 맞지 않는다면 어찌 배후의 평판을 피할 수 있겠는가?

　등뒤에서 하는 말을 전해 주지 않아서 저 사람이 듣지 않는다면 어찌 싸우는 일이 생기리오만, 저 사람이 듣는다면 원한을 품을 것이다. 더욱이 그 말이 여러 사람에게 전해지고 또 보태지고 바꿔진다면 두 집의 원한은 깊이 굳어져 풀 수 없을 것이다. 오직 고명한 사람이 말을 듣고도 새기지 않는다면 두 집안의 친분을 이간하지 못할 것이다.

한집에 사는 사람은 서로 비방하고 이론(異論) 하지 말아야 한다

한집에 같이 사는 사람이 서로 왕래할 때에는 반드시 기침 소리를 내거나 발자국 소리를 내어 방안에 있는 사람이 들어서 알도록 해야 한다.

소리 없이 갑자기 방에 들어가서는 안 되니, 혹 방안에 있는 사람들이 나를 비난하다가 갑자기 나를 만나면 피차 부끄러워 난처하게 될까 염려해서이다. 더욱이 그 사이에 어떤 알지 못하는 사람이 어두운 곳에 숨어서 엿들으면 이는 싸움을 일으키는 단서이니, 어찌 오래 동거할 수 있겠는가!

그러나 사람이 남과 말할 때에 곁에 사람이 없다고 마음놓고 남을 비평해서는 안 되니 혹 엿듣는 자가 있을까 염려해서이다. 속담에 "담 너머 귀가 있다"고 했고, 또 "낮에는 사람을 말하지 말고, 밤에는 귀신을 말하지 말라"고 하였다.

부녀의 말에는 은정과 의리가 없다

가정이 화목하지 못한 것은 대개 부녀들이 말로써 그 남편과 동류들의 마음을 격동시키기 때문이다. 대개 부녀들의 소견은 넓거나 멀리보거나 공평하지 못하다. 또 시부모 아래의 아래 윗동서들이 모두 이성(異姓)으로 만나서 인위적으로 칭호(稱號)하는 것이지 천륜이 아니므로 은혜를 베푸는 데는 박하고 원망을 밝히기는 쉽다.

남편 되는 사람이 식견이 장원하지 못하면 아내에게 부림을 당하여 집안 인심이 어그러지는 변이 생긴다. 그로 인하여 형제와 아들 조카들까지 담과 벽을 사이에 두고 죽을 때까지 왕래하지 않는 사람도 있다. 그리고 아들이 없는데도 조카를 양자로 삼지 않는 사람도 있으며, 형제의 가난을 생각하지 않고 부모를 같이 부양하려 하여 차라리 부모를 버릴지언정 돌보지 않으려는 자도 있다.

또 형제의 가난을 생각하지 않고 부모의 장례비용을 같이 부담하려 하여 차라리 장례를 그만두고 장사를 지내지 않으려 하는 자도 있어 다 말할 수 없다. 그 중에도 식견이 장원한 사람은 부녀는 간할 수 없다는 것을 알아 겉으로는 형제를 사랑하여 항상 환심을 잃지 않고 남모르게 급한 일을 구원해 주고 없는 것을 보태 주는데, 부녀들이 알지 못하게 한다. 저 가난한 형제는 부녀를 원망하면서 형제를 중하게 생각하여 재산을 나눌 때에 비록 가난하여도 형제의 재산을 탐내지 않는다. 대체로 식견이 높고 장원한 사람은 부녀들의 말을 듣지 않고 먼저 후의를 베풀어 형제의 마음을 얻는다.

비복(婢僕)의 말은 이간질하여 싸움을 붙이는 말이 많다

부녀간에 이간질하는 말이 나기 쉽고, 또 그 말이 비첩(婢妾) 사이에서 많이 나온다. 비첩들은 식견이 없어 다른 사람의 허물을 주모(主母)에게 말하는 것으로써 충정을 삼는다. 만일 주모가 식견이 있어 일체 들어주지 않는다면 허망한 말을 감히 드리지 못한다. 주모가 만일 그 말을 들어주고 믿어주고, 따라서 사랑하면 또다시 말하여 주모는 비첩이 말한 사람과 원수를 맺게 된다. 그러면 비첩은 신이 나서 좋아한다.

비첩만 그런 것이 아니라 노복들 또한 이와 같다. 주인이 노복의 말을 믿고 따르면 친척들과 친구들이 모두 환심을 잃고, 선량한 노복들이 책망을 받게 된다.

친척끼리는 물건을 자주 빌려주는 것이 마땅하지 않다

　가난한 친척이 이웃에 있어 무슨 물건이 없으면 빌려주기를 청한다. 쌀, 소금, 술, 초 같은 것이 값은 비싸지 않지만 아침저녁으로 자주 빌려가면 번거롭게 생각된다.
　만일 의복과 그릇 같은 것을 빌려가서 훼손하고 더럽히고 또 돈을 꾸어가면 빌려준 사람은 일일이 잊어버리지 않고 날마다 갚기를 바라나 빌려간 사람은 갚지 않을 뿐만 아니라, 목에 힘을 주고 남들에게 말하기를 "나는 털끝만치도 물건을 남에게 빌려오지 않는다" 하니, 물건 임자가 이 말을 듣는다면 어찌 원망하거나 노하지 않겠는가?

🦆 친구와 가난한 사람은 힘닿는 대로 구제해 주어야 한다

친척과 친구에게 돈이나 재물을 빌려주는 것은 내가 먼저 힘닿는 대로 도와주는 것만 못하다.

빌려주면 나는 그가 갚기를 바라서 재촉하게 되고, 자주 재촉하면 빚진 자가 노하여 내가 갚으려 하는데 재촉한다 하고 도리어 갚지 않는다. 재촉하지 않으면 "저가 나한테 묻지도 않는데 내가 어찌 갚겠는가" 하여, 말을 해도 갚지 않고 말을 안 해도 갚지 않고, 나중에는 원수가 되고 만다.

대체로 가난한 사람은 빌려가면 당초에 갚을 생각을 하지 않고 비록 갚을 생각이 있더라도 가난하니 어떻게 갚겠는가? 혹 돈을 빌려서 장사를 하나 운수가 나쁘고 계산에 어두워 장사하는 데 손해를 본다. 돈을 처음 빌려갈 때는 인사가 공순하고 말이 겸손하여 감사하는 마음으로 오래지 않아 갚겠다고 하다가, 뒷날에 갚으라고 재촉하면 그때는 죽이지 못하는 것을 한탄한다. 그리하여 친척과 친구 사이에 재물로 인하여 원수가 되는 자가 많다.

속담에 "불효자가 부모를 원망하고 빚진 자가 전주(錢主)를 원망한다"고 하였다. 만일 그 가난한 사람을 염려하여 내 힘닿는 대로 구제해 주면 나는 빚을 독촉하는 일이 없고 저 사람은 나를 원망하는 일이 없을 것이다.

자제(子弟)는 항상 단속해야 한다

　자제들이 잘못이 있어도 부조(父祖)는 알지 못하는 자가 많으니 귀관(貴官)들이 더욱 심하다. 대개 자손들이 잘못이 있어도 부조의 이목을 가리고, 바깥사람들은 알고도 가만히 웃을 뿐이고 부조에게 알리지 아니한다.

　사람들이 시골의 귀관을 볼 때에 그의 덕행을 칭찬하느라 여가가 없는데, 어찌 그 자손의 잘못을 말하리오! 하물며 부조는 자손을 어질다고 생각하고 남의 말은 모함이라고 생각한다. 그러므로 부조는 자손이 하늘에 닿는 죄가 있어도 알지 못한다. 또 간혹 가정에 훈계가 엄하더라도 어머니가 오히려 아들의 허물을 숨겨 아버지가 알지 못하게 한다.

　부잣집 자손들이 불초하다면 주색을 탐하고 도박하며 소인을 가까이 하고 집안을 망치는 일에 지나지 않지만, 귀관의 자손들은 그뿐만이 아니다.

　지방에 살면서 남의 주식(酒食)을 강제로 찾아 먹으며, 남의 돈과 재물을 강제로 빌려 쓰며, 남의 물건을 강제로 빌려가서 돌려주지 않으며, 남의 물건을 강제로 사고 갚지 않는다. 악한 무리들을 가까이 하여 자기의 세력을 빌려 남을 능욕하게 하고, 선량한 사람을 침해하여 말을 조작하여 소송하며, 지방사람이 무리하게 범법 행위를 하면 그것을 자기의 일로 삼아 "담당한다." 지방사람이 송사하는 자가 있으면 자기의 부조의 편지라고 조작하여 지방관원에 간청하여 그른 것을 옳게 만든다. 그리고 사람을 보내 남의 배를 빌려 쓰게 하고, 세금을 포탈하고도 죄를 면제하게 하여, 그 소득으로 주색(酒色)의 오락을 삼는 것이 한두 가지가 아니다. 그를 추종하는 사람들도 역시 상인을 시켜 물건을 사게 하고, 관리를 시켜 물건을 사게 하고, 시장관리자를 시켜 물건을 사게 하고는 모두 그 값을 치르지 않는다. 관리의 결원(缺員)을 보충하고, 관리의 죄를 사면하고, 관리가 부자이면 보상을 독촉한다. 비첩을 저렴한 값으로 사기도 하고 다른 사람을 시켜 값을 갚게 하며, 혹 부호(富豪)의 하인들을 친하게 사귀며 혹 시장관리인에게 세금을 포탈하며, 그 밖에 요구하는 것이 한두 가지가 아니다. 자기의 죄로 그 부조가 법률에 저촉되는 것을 근심하지 않는다. 무릇 부조 된 사람은 이런 것을 알아서 단속하여 예방하고, 항상 자손의 비행을 남들에게 물어보면 거의 실수가 없을 것이다.

탐욕스런 자제는 벼슬하지 못하게 해야 한다

자제가 어리석고 탐욕을 부리는 사람은 벼슬을 하지 못하게 해야 한다. 옛말에 "죄목을 다스려 음덕이 많으면 자손이 마땅히 흥성할 것이다" 하였으니, "내가 남을 이롭게 하였으되 그 사람이 알지 못하면 내가 복을 받는다"는 것이다. 지금 자손이 어리석고 욕심이 많으면 송옥(訟獄)의 일을 모두 서리에게 맡겨 일을 변경하여 악인(惡人)을 비호하고 선인(善人)을 모함할 것이니, 이것은 음덕과 상반될진저!

옛말에 "음모가 많은 것은 도가(道家)의 꺼리는 바"라 하였으니 "남을 해롭게 하였으되 그 사람이 알지 못하면 내가 화를 당한다"는 것이다. 지금 자손이 욕심이 많으면 반드시 서리와 공모하여 공사(公事)에 돈을 써서 그른 것을 옳다고 하면 사람들이 원통함을 당하고도 호소할 데가 없을 것이니, 그것이 음모가 아닌가!

여러 고을에 사대부들을 시험해 보니 30년 전에 벼슬하던 환족(宦族)들 가운데 지금 남아 있는 것이 겨우 몇 집안인가? 위와 같은 소행을 한 자들이다. 긴 안목이 있는 사람은 반드시 이 말을 믿을 것이다.

가업이 흥하고 망하는 것은 자손에게 달려 있다

같이 사는 부자와 형제 가운데 선악(善惡)과 현부(賢否)가 상반되니, 만약 완악하고 각박하여 가엾음을 아끼지 않는 사람이 먼저 죽으면 그 집이 흥성할 것을 예측하지 못한다. 만일 자상하고 후덕하고 근검한 사람이 먼저 죽으면 그 집은 구원할 수 없다.

속담에 "집안이 일어나지 않았다고 말하지 말라. 집안을 일으킬 자식이 아직 태어나지 않은 것이다. 집이 망하지 않았다고 말하지 말라. 집안을 망칠 자식이 아직 성장하지 않은 것이다"고 하니, 위에서 말한 뜻과 같다.

〈타춘우〉(打春牛)

양자는 장유(長幼)를 분별하여 들여야 한다

　가난한 사람이 양자를 들일 때는 어릴 때에 들여야 한다. 대체로
가난한 사람은 늙어서 살아갈 전택(田宅)이 없고 오직 양자의 봉양
을 받아야 하니, 어릴 때에 들여 입히고 먹이고 양육하여 마음을 맺
어 놓아야 한다.

　부유한 사람은 반대로 장성한 아들을 들여야 한다. 지금 시대의
부자들은 타인의 아들을 양육하는 것을 숨겨 아이가 어려서 지각이
없을 때에 데려다 양육한다. 그러나 아주 어린아이를 데려왔다가 그
아이가 자라서 불초하면 패가할까 두려워하여 내쫓으려 하여 소송
을 일으키게 된다. 만일 장성한 아이를 데려오면 아이의 성행(性行)
을 알 수 있으니 온순하여 마음을 지키면 능히 양부모 섬기기를 친
부모와 같이 하고, 또 가업도 파산하지 않으며 소송도 일어나지 않
을 것이다.

아들이 많아도 경솔하게 남에게 주지 말아야 한다

아들이 많으면 진실로 근심이 되지만 아들이 많다고 경솔하게 남에게 주어서는 안 된다. 조금 자란 뒤에 마음이 온순하고 몸가짐을 본 뒤에 남에게 주면 두 집이 모두 복을 받는다.

만일 강보에 있는 아이를 남에게 주었다가 나쁜 사람이 되어 남의 집을 망치고 본종(本宗)으로 돌아와서 송사를 일으켜 또 내 집안을 망치면 두 집이 모두 화를 받게 된다.

타성(他姓)을 양자로 들이면 구애되는 일이 생긴다

　타성의 아들을 양자로 들이면 조상의 신령들이 그 제사를 받지 않을 뿐 아니라 몇 대 뒤에는 동성과 혼인할 것이다. 이것을 금지하는 법률이 매우 엄한데도 사람들이 대체로 법을 무릅쓰고 행하여 소송을 일으킨다. 혹 사람들이 관가에 고발하지 않고 관아에서 죄를 다스리더라도 어찌 도리를 생각하지 않겠는가?
　강서(江西) 사람들은 양자로 들어온 사람이 생가(生家)의 성을 버리지 않고 양가의 성자(姓字) 위에 마치 두 집 성같이 만드니, 비록 법조문에는 없으나 그 분별 없는 것이 가증스럽다.

양자를 들이는 데는 항렬(行列)이 맞아야 한다

　동성의 아들은 항렬이 맞지 않으면 양자로 삼을 수가 없다. 기러기는 미물의 짐승인데도 오히려 항렬을 따르는데, 사람으로서 그렇지 못하여 숙부가 조카의 양자로 들어가면 편하겠는가? 하물며 싸움의 단서를 만들어서야 되겠는가?

　가령 부득이 하여 아우를 수양하거나 조카나 손자를 수양해서 제사를 받들 경우에는 아우나 조카나 손자를 자식처럼 길러주고 재산을 주어야 한다. 수양을 받은 사람은 자기를 길러준 사람을 아버지처럼 여겨야 할 것이니 이것을 옛사람들이 형수를 위해서 상복을 입는 것이라고 하였다. 지금 시대에 손자가 조부(祖父)를 위하여 승중(承重)*하는 뜻과 같은 것으로 항렬을 어기지 않는 것이니 해로움이 없다.

* 승중(承重) : 장손(長孫)으로 아버지가 돌아가신 뒤에 조부모의 상사(喪事)를 당할 때에 아버지를 대신하여 상제 노릇을 함.

첩이 나은 유복자는 마땅히 미리 분별, 처리해야 한다

첩이 나은 유복자는 마땅히 미리 교양 훈계하여 자기가 죽은 후에 소송을 일으키지 않게 해야 한다. 나중에 그가 만일 무식한 자가되어 종가(宗家)로 들어오려 한다면 난처하게 된다. 유복녀도 그러하다. 혹 난잡한 사람과 간통하거나 혹 비첩이 축출된 자가 있으면본인이 살아 있을 때, 미리 분별하여 밝혀야 한다. 나중에 본가로 돌아오기를 요구한다면 애매하여 변명하기 어렵고, 본 자손이 해를 당할까 두렵다.

사대부의 겉옷(왼쪽)과 여성의 겉옷

삼대(三代)를 다른 사람이 빌려 쓰지 못하게 해야 한다

세상에 아버지 없는 자식을 데려다 기르다가 자라서 중이나 도인 (道人)이 되어서도 그 성을 좇아서 자기의 삼대(三代 ; 父, 祖, 曾祖) 를 쓰게 한다. 일가 사람이 출가하여 국가에 공이 있는 조상의 삼대 를 빌려 쓰니 이것은 비록 큰 이해는 없으나 나중에 그들이 환속하 고 본종(本宗)으로 돌아오려 하여 관가에 문서로 증거를 대면 그른 것을 판단하지 못한다. 이런 일은 미연에 방지하지 않아서 그런 것 이다.

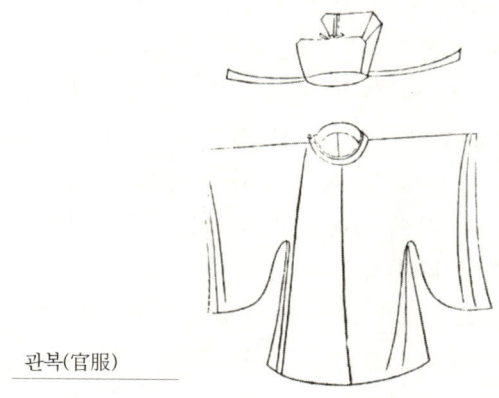

관복(官服)

수양아들[義子]을 기를 때는 분쟁의 단서를 끊어야 한다

어질고 유덕한 사람은 족인(族人)과 외친(外親) 자제의 가난한 자를 거두어 들여, 입히고 먹이며 교육시키기를 친자식과 같이 한다. 그런데 각박한 풍속으로 수양아들이 재산을 욕심내어 그 사람이 죽은 뒤에는 들어온 수양아들이 억지로 그 집안의 대를 잇고자 하여 "돌아가신 분이 나를 아들로 삼았다"고 말한다.

그러므로 고상한 의리를 가진 일인데도 사람들은 수양아들을 기르는 일을 어렵다고 여긴다. 마땅히 평소에 수양아들의 거처를 따로 정하고 명칭을 분명히 해야 한다. 만약 내가 아직 아들을 두지 못했거나 혹 남의 자식의 자제가 내 아들보다 나이가 위라면 대를 이을 아들로 보는 혐의를 미리 밝혀 놓지 않으면 안 된다.

또 맞아 들인 아내에게 전 남편의 아들이 있고 접각부(接脚夫)*에게 전처의 아들이 있으면 수양하고 수양하지 않는 것을 미리 정하여 훗날의 분쟁을 막아야 한다. 또 전 남편의 아들과 후부(後夫)의 아들이 어머니와 아버지를 따라 같이 들어왔는가 같이 들어오지 않았는가, 또 동거 여부를 여러 사람에게 알리고 관가에 밝혀 훗날 분쟁의 단서를 끊어야 한다.

만일 의자(義子)**가 그 집안에 공로가 있으면 빨리 보상해 주어야 하며, 의형제(義兄弟)가 공로와 은혜가 있으면 재산을 나누어 주어야 하고, 법에 구애되어 은혜와 의리를 모두 폐해서는 안 된다.

* 접각부(接脚夫) : 과부가 재혼할 때 후부(後夫)를 자기 집으로 불러들이는 것. 홀로 된 과부가 후부를 불러들이면 바로 그 시점에서 전부(前夫)의 가(家)는 호절(戶絶)이 되고, 과부가 가지고 있던 재산은 국고로 돌아가게 된다. 그러나 다소 융통성이 있어 과부 일신(一身)에 한해서 전부의 재산을 보유하는 것을 허락하였다. 접각부는 재산이 있는데 일할 손이 없는 집을 구하기 위한 편법의 일종으로 행해졌다.(滋賀秀三,《中國家族法の原理》, 創文社, 1981)

** 의자(義子) : 양자(養子)는 크게 두 가지 종류가 있다. 승계(承繼)를 위해 들이는 법률상의 양자와 은혜를 베푸는 차원의 사실상의 양자이다. 전자를 사자(嗣子), 후자를 의자(義子)라고 한다.(위와 같음)

아버지 없는 딸의 재산은 시집갈 때 나누어 주어야 한다

　아버지 없는 여자도 분수에 따라 힘써 후하게 시집보내야 한다. 마땅히 가져가야 할 전지(田地)도 관련 법규에 따라 나누어 주어야 한다. 만일 목전에 인색하게 하면 반드시 시집간 뒤에 고소당하게 될 것이다.

북송대 여성의 복식

아버지 없는 딸은 일찍 약혼시켜야 한다

과부가 개가하는데, 혹 아버지 없는 딸이 있으되 시집갈 나이가
되지 않았다면, 내외 친척 중에 마땅한 사람이 있으면 약혼을 시키
고, 시부모집에서 기르다가 나이가 차면 결혼시켜야 한다. 만일 어
머니를 따라 의부(義父)의 집에 가게 되면 혐의(嫌疑)를 받아 분명
치 못한 일이 많을 것이다.

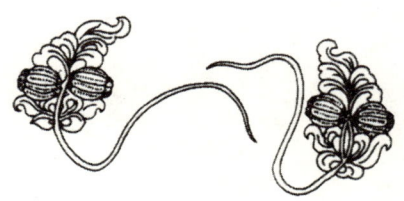

결혼식 때 여성이 머리에 사용하는 금 장식

재취하는 데는 현부(賢婦)를 택해야 한다

　중년 이후에 상처(喪妻)하는 것은 인생에서 큰 불행이다. 어린 자녀를 양육할 사람이 없고, 음식과 의복 및 온갖 규중의 일을 다스릴 사람이 없으니 재취하지 않을 수 없다.

　미혼 처녀에게 장가들려 한다면 젊은 처녀의 마음은 중년 이후의 남자가 잘 이해할 수 없고, 과부에게 장가들려 하나 집을 편안히 하지 못하는 여자는 또한 제어할 수 없다. 아울러 전 남편의 자식이 있어 정을 잊지 못하고 시집와서 또 자식을 낳으면 어찌 두 가지 마음을 면할 수 있으리오!

　그러므로 중년 이후의 재취는 더욱 어렵다. 그러나 부인으로서 현숙하고 한결같이 화목한 자가 없지 않으나 특히 만나기가 어렵다.

부인은 남자일에 관여할 필요가 없다

부인이 남자일에 관여하지 않는 것은 남편과 아들이 모두 어질어서 남자일에 참견할 필요가 없기 때문이다. 만일 남편과 아들이 어질지 못하여 부인의 이목을 가린다면 무슨 나쁜 일을 못하겠는가?

지금 사람들이 방탕하게 도박에 빠져 논밭을 팔고 심지어 집까지 털어 없애는데도 아내는 모르고 있다. 그런즉 남편이 어질지 못한데 남자일에 참여하고자 하나 무슨 유익이 있으리오! 아들이 재산을 팔 때에 반드시 어머니와 같이 하나 계약서를 위조하는 자가 있다. 또 비싼 이자로 돈을 썼다가 재산을 빼앗아 가는 사람이 송사를 꺼리지 않는다. 또 차와 소금 같은 물건을 외상으로 얻어 팔다가 관가에서 그것을 갚으라고 독촉하기도 한다. 그러나 어머니 된 사람은 마침내 제어하지 못한다. 그런즉 아들이 어질지 못한데 어머니가 남자일에 참여하려 하나 무슨 유익이 있으리오! 이것은 부인의 큰 불행이니 어찌할꼬? 남편 된 자가 아내의 가련한 것을 염려하고 아들이 어머니의 가련한 것을 염려하여 문득 깨닫는다면 어찌 매우 어진 일이 아니리오!

과부가 가업을 관리하는 데는 남에게 의존하기 어렵다

　남편이 어리석고 무능하기 때문에 부인이 능히 스스로 집안일을 다스리며 전곡(錢穀)의 출입을 계산하여 남이 속일 수 없는 자도 있다. 남편이 현명하지 못하므로 아들과 같이 가사를 다스려 가산을 탕진하지 않는 자도 있다. 남편이 죽고 아들이 어린데 능히 그 아들을 가르치고 내외인척과 돈독하며 가사를 잘 다스려 집안을 융성하게 일으키는 사람도 있으니 이것은 모두 어진 부인들이다. 남편이 죽고 아들이 어린데 집안을 지켜 살림을 하는 것은 가장 어려운 일이다. 동족(同族)에 의탁하려 하나 어진 사람이 없고, 외척에 의탁하려 하나 어진 사람이 없고, 어진 사람은 남의 일에 관여하기를 좋아하지 않는다. 오직 부인이 스스로 글과 산수를 알고 의탁할 사람이 의식이 넉넉하고 공평한 의리를 안다면 거의 집안을 다스릴 것이요, 그렇지 않으면 패가하지 않을 사람이 없다.

남녀는 어려서 약혼, 혼인해서는 안 된다

남녀를 어려서 혼인시켜서는 안 된다. 대체로 여자는 남자의 의탁을 얻고자 하고 남자는 여자의 배필을 얻고자 하니, 만일 목전의 일만 알면 훗날에 후회가 생길 것이다.

대체로 사람의 부귀와 성쇠는 서로 바뀌어 일정하지 않고, 남녀의 어질고 어질지 않음은 성장해서야 알 수 있다. 만일 일찍이 약혼했다가 별탈 없이 지내면 참으로 좋으련만, 혹 전에는 부자였다가 뒤에는 가난해지고, 혹 전에는 귀했다가 뒤에 천해지거나, 혹 약혼했던 사위감이 방탕하여 불초해지거나, 혹 약혼했던 여자가 아주 사납게 되는 경우도 있다.

그러니 전의 약혼을 따르면 집안을 보전하기 어렵고, 약혼을 깨면 의리에 위배된다. 이 때문에 소송이 일어나게 되니 어찌 조심하지 않으리오!

사돈을 맺는 데는 인물됨이 서로 맞는 것이 중요하다

　남녀가 혼처를 고를 때에 문벌이 높은 것과 재산이 많은 것을 탐하면 안 된다. 인물이 서로 맞지 않으면 남녀가 평생 한을 품고 살거늘, 하물며 더욱이 화합하지 못하여 다른 일을 생기게 함이랴!

북송대의 여성과 남성

자식을 장가보내고 시집보내는 일에 부모가 배우자를 택해 주어야 한다

아들을 두었으면 며느리를 고르고, 딸을 두었으면 사위를 택하나, 모름지기 나의 아들, 딸이 어떤 사람인가를 헤아려야 한다.

만일 내 아들이 어리석고 용렬한데 아름다운 며느리를 얻으면 어찌 화목하지 못할 뿐이리오. 혹 다른 일이 생길 것이다. 만약 나의 딸이 못생기고 질투심이 많은데 훌륭한 사위에게 시집보내면 화합하지 못하여 마침내 버림을 받게 될 것이다.

아들과 딸을 장가들이고 시집보내는데, 온당한 배우자가 아니어서 화합하지 못하는 데에는 부모가 잘 살피지 못한 잘못이 있다.

중매쟁이의 말은 믿지 못한다

옛사람이 말하길, "주(周)나라 사람은 중매하는 것을 싫어한다"고 했는데, 그것은 그 말이 번복되기 때문이다. 여자집에 속일 때는 "남자가 부자이다"고 하고, 남자집에 속일 때는 "여자가 아름답다"고 한다. 근세에는 더욱 심하여 여자집에 속일 때는 "남자집에서는 예물 갖추기를 바라지 않는다" 하고, 딸 시집보낼 지참금을 많이 가져오게 한다. 남자집에 속일 때는 장가 보낼 재물을 많이 내라고 하며 물건의 품목을 알려준다.

만일 그 말을 경솔하게 믿고 서로 혼인하고 나서는 중매쟁이에게 사기당한 것을 책망하고 한탄하며 부부가 서로 반목하여 이혼하는 경우가 있다. 대체로 시집, 장가 보내는 데 중매쟁이가 없어서는 안 되지만, 중매쟁이의 말을 다 믿을 수 없는 것이 이와 같으니, 마땅히 처음부터 삼가 살펴야 한다.

친척끼리 혼인하는 데는 예를 더욱 극진히 해야 한다

　혼인을 의논함에 대체로 인척끼리 혼인하여 서로 친분을 잊지 않을 것을 요구하니, 이것은 가장 좋은 풍속이다. 그러나 그 중에 여자가 장원한 지식이 없어, 평소에 잘 알고 인사가 경솔했던 것으로 인하여 무례한 지경에 이르러 서로 다투어 화합하지 못하는 예가 있다. 이것은 오히려 본래 서로 알지 못했다가 갑자기 혼인한 것만 같지 못하다.

　그러므로 인척끼리 혼인하는 자는 잘 아는 사이라 해서 예의를 차리지 않아서는 안 된다. 또 친분을 잊어버리고 심하게 책망하지 않는다면 양가의 정리(情理)가 친밀하여 아무 근심이 없을 것이다. 그러므로 조카딸이 고모집에 시집가서 고모의 미움을 받고, 생질녀가 외갓집에 시집가서 외숙모에게 미움을 받고, 이질녀가 이모집에 시집가서 이모에게 미움받는 것은 처음부터 쉽게 생각하여 예절이 성글어 원망이 생기고, 또 처음에 삼가지 못한 데서 생긴 실수이다.

여자는 불쌍하니 마땅히 더욱 사랑해야 한다

　딸을 시집 보낼 때는 집 형편에 따를 것이다. 억지로 후하게 할 수 없으나 혹 재물이 넉넉하면 남과 같이 보아 나누어 주지 않으면 안 된다. 지금 세상에 아들 덕을 보지 못하고 딸의 집에 가서 의탁하다가, 죽은 뒤에 딸이 장례를 치르고 제사를 지내는 자가 있으니 어찌 딸이 아들만 못하다고 하리오!

　대체로 여자의 마음은 불쌍하다. 친정이 부자이고 시집이 가난하면 친정의 재산을 덜어 시집을 도우려 하고, 시집이 부자이고 친정이 가난하면 시집 재산을 덜어 친정을 도우려 하니, 친정부모와 남편은 어여삐 여겨 따라 주어야 한다. 만일 가난한 집의 재물을 덜어서 부자에게 준다면 부당하니 따르지 말아야 한다.

부인은 늙으면 거처하기 어렵다

사람들이 "인생 백년이라고 하지만 칠십을 사는 사람이 드물다." 세월은 빨리 지나가는데 운명이 궁한 사람은 늙어서 지내기가 어렵다. 보통 오십 전에는 이십 년을 십 년같이 지내는데 오십 이후에는 십 년을 지내는 것이 이십 년 같다.

부인들이 늙어서는 세월 보내기가 더욱 어렵다. 대개 부인은 사람을 의지하여 산다. 시집가기 전에는 좋은 할아버지가 좋은 아버지만 못하고, 좋은 아버지가 좋은 형제만 못하고, 좋은 형제가 좋은 조카만 못하다. 시집간 뒤에는 좋은 시아버지가 좋은 남편만 못하고, 좋은 남편이 좋은 아들만 못하고, 좋은 아들이 좋은 손자만 못하다.

그러므로 부인들이 부귀를 누리다가 늙어서 무료하게 지내는 자가 많은 것이 이 때문이니 친척 되는 사람은 어여삐 여겨야 한다.

친척을 수양(收養)할 때는 마땅히 후환을 생각해야 한다

고모와 이모와 누이와 친척의 부인들이 늙은 데다 자손마저 불초하여 봉양받지 못하는 사람을 대신 봉양해야 할 때가 있다. 그러나 주의하여 방비해야 한다.

그들이 죽은 뒤에 그 불초한 자손들이 관에 가서 그 사람이 굶고 얼어죽었다 하며, 혹 그 사람이 물건이 담긴 자루와 상자를 남겨두었다 한다. 그러면 관가에서 조사하는 소란을 면하지 못할 것이다.

그러니 미리 생전에 여러 사람에게 설명하고 관아에 알려, 신체밖에는 아무 물건도 없었다고 하면 후환이 없을 것이다. 대체로 의리 있는 일을 하는 사람은 모름지기 후환이 없게 해야 한다.

자손에게 재산을 나누어 주는 데는 균등하게 해야 한다

　부조(父祖)가 나이 들어 재산을 관리하기가 귀찮아서 자손에게 나누어준다. 만일 아버지나 할아버지가 하는 일이 공정한 마음에서 나와 편벽되지 않고 자손이 각각 힘을 다하고 방탕하게 놀지 않으면 재산을 나눈 뒤에 다투어 소송하는 일이 없어 집안이 흥성할 것이다.

　만일 부조가 혹 수양아들이 있거나, 전모(前母)나 후모(後母)의 아들이 있거나, 아들이 죽어서 그 손자를 사랑하지 않거나, 모두 같은 자손이로되 각각 미워하고 사랑하는 것이 있어 모든 의식과 재물을 나누어 주는데 후하고 박한 데가 있어 자손들은 균일하게 나눠 주기를 청하고, 부조가 다시 처리하나 그 중에도 경중이 있으니, 어찌 훗날에 서로 다투는 단서가 되지 않으리오!

　만일 부조가 그 자손 중에 불초한 사람이 다른 자손을 침해할까 염려하면서 마지못해 나눠 주는 자에 대해서는 전산(田産)은 주지 말고 전곡(田穀)을 수시로 나누어 주어야 한다. 만일 전산을 나누어 주면, 저 사람이 그 전산을 자기의 소유라 하여 저당 잡혀 다 팔아 없애고 다른 자손의 전산을 넘보아 빼앗으려 하여 소송을 일으켜 어진 자손까지 해를 입게 되어 파멸당하게 된다.

　대체로 자손 가운데 혹 수십 명은 모두 자신을 지키는데, 그 중에 한 명의 불초자가 있으면 수십 명이 모두 그 피해를 입어 집안을 망치는 경우도 있다. 국가의 온갖 법령으로도 금지하기 어려우며 부조

의 온갖 지략으로도 금지하지 못한다. 집안을 보존하고자 하는 사람
이라면, 다른 사람의 지나간 일을 상고하고, 내 집안의 미래를 생각
하여 덕을 닦고 깊이 생각하여 장구한 계책을 세우지 않을 수 있겠
는가?

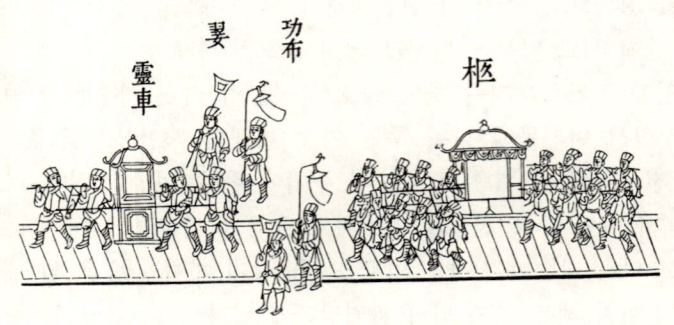

송대의 장례식 모습 (1)

유서는 공평하게 하며, 후환을 생각해야 한다

유서는 모두 현명한 사람이 자손을 위하는 염려이다. 그러나 공평해야 집안을 보전할 수 있다. 사나운 아내와 간사한 첩을 무서워하고, 후처와 사랑하는 자식에게 끌리어 편벽되게 후하고 박하거나, 혹 후사(後嗣)를 잘못 세우거나, 혹 자식을 쫓아내는 등 인정에 가깝지 못한 일이 많으니, 이것들은 모두 송사를 일으키고 집안을 망하게 하는 일이다.

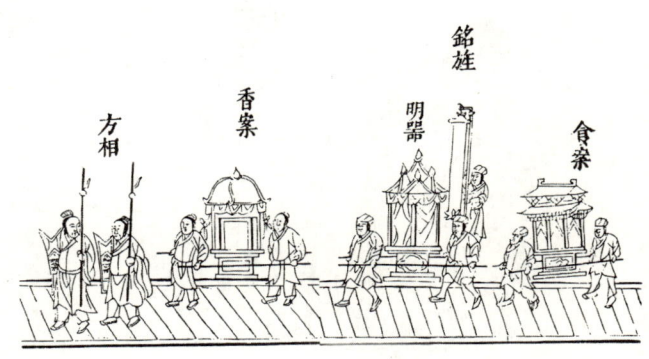

송대의 장례식 모습 (2)

유서는 마땅히 미리 만들어야 한다

　부조(父祖)가 자신이 죽은 뒤에 자손들이 싸우고 소송을 할까 염려하여 미리 유서를 만들려 하였으나 정신이 혼미하여 결정하지 못하다가, 질병이 위독한 뒤에야 유언하는 말이 마음속으로는 분명하나 말이 나오지 않고 손이 움직이지 않아 한을 품고 죽는 자가 많다. 하물며 정신이 혼미한 사람이겠는가!

상복(喪服)을 입은 모습

處
己

제 2 편

자기 자신을 다스리는 법

🎗 지식이 높고 낮은 사람이 있다

원래 지식이 높고 낮은 사람이 있으나, 그 중에 고하(高下)가 월등하게 차이나는 사람이 있다.

지식이 높은 사람이 낮은 사람을 볼 때는, 높은 곳에 올라 아래를 내려볼 때에 보이지 않는 것이 없는 것과 같다. 지식이 낮은 사람이 높은 사람을 볼 때는 담 밖에서 담 안을 엿보려는 것과 같다. 만약 고하의 거리가 가까우면 서로 말할 수 있지만, 고하의 거리가 너무 멀면 한갓 말하기 어려울 뿐이니 말하지 않는 것만 못하다.

이는 마치 바둑을 두는 것과 같아서, 고하의 차이가 단지 3, 5점이라면 오히려 대국을 할 수 있지만, 국수(國手)로서 바둑 두는 법도 알지 못하는 사람과 상대한다면 과연 어떻게 되겠는가?

부귀할 때는 교만하고 오만해서는 안 된다

부귀는 운명의 우연이니, 어찌 이것으로 향리에서 오만을 부리리
오!

만일 가난했던 사람으로 몸소 부를 일으키고, 미천했던 사람으로
몸소 벼슬을 했다면, 이것은 비록 사람이 말하는 현인(賢人)이나, 역
시 이것으로써 향리에서 허물을 얻어서는 안 된다.

만일 부조(父祖)가 전해준 재산으로 앉아서 부유하게 되고, 부조
의 은음(恩蔭)으로 귀하게 되었다면 이것은 보통사람과 무엇이 다른
가! 이것으로 향리에서 오만을 부리면 수치스럽고 가련하지 아니한
가!

예절이 사람에 따라 달라서는 안 된다

　세상에 무식한 사람들이 향리의 사람들을 한결같이 예우하지 않고, 사람의 부귀빈천(富貴貧賤)에 따라 고하(高下)의 등급을 만든다. 재산이 많고 관직에 있는 자를 보면 공경하는 마음으로 예(禮)가 공손하고, 재산이 더 많고 관직이 더 높으면 공경이 이에 따라 더해진다. 가난하고 천한 사람을 보면 마음이 태만하고 태도가 오만하여 조금도 불쌍하게 생각하지 않는다.

　저 사람의 부귀가 나의 영화가 아니며, 저 사람의 빈천이 나의 욕(辱)이 아닌 줄을 알지 못하니, 어찌 고하의 분별을 이와 같이 하는고! 덕이 후하고 지식이 있는 군자(君子)는 이렇지 않다.

출세하고 불우한 것은 스스로 두 가지 길이다

　품행의 조행(操行)과 운명의 궁달(窮達)은 스스로 두 가지 길이다. 조행이 바르면 저절로 영귀(營貴)하고, 품행이 바르지 못하면 곤궁하다고 할 수 없다. 그렇다면 공자(孔子)와 안자(顔子)*가 응당 재상이 되었을 것이요, 고금의 재상(宰相)과 현관(顯官)들이 소인(小人)이 아닐 것이다.

　대체로 품행은 본래 사람으로서 당연히 행할 일이고, 이것으로써 외물(外物)인 부귀로 책임 지울 수 없다. 효과를 구하여 효과가 없으면 품행이 반드시 게을러지며, 지키는 덕이 변하여 소인이 될 것이다. 지금 세상에 우둔한 사람이 부귀를 누리고 지혜로운 사람이 가난하게 사는 것은 모두 일정한 분수가 있어서 논책(論責)할 수 없다. 이러한 이치를 알고 안심하고 처신하면 어찌 사리를 살피는 것이 아니리오.

　* 안자(顔子) : 이름은 안회(顔回)이고 공자의 수제자이다.

 ## 세상일이 바뀌는 것은 모두 천리(天理)이다.

세상일이 많이 바뀌는 것은 천리가 그러한 것이다. 세상사람들이 이따금 목전(目前)에 흥성(興盛)하는 것을 보고 앞으로 평생 염려할 것이 없다고 하다가 얼마 안 가서 망하는 자가 많다.

대체로 천서(天序)*가 10년에 한 번 갑(甲)으로 바뀌면 세상일이 한 번씩 변한다. 지금 옛날 오랜 일을 논할 것은 없고, 다만 지방의 10년 전과 20년 전의 일로써 목전의 일과 비교한다면 그 흥망성패에 어찌 일정함이 있겠는가!

세상사람들은 장원(長遠)한 식견이 없어 다른 사람의 일이 뜻대로 잘 되는 것을 보면 시기하는 마음을 품고, 다른 사람의 일이 뜻대로 되지 않아 망하는 것을 보면 비웃는데, 한집에 동거하는 사람과 한 고을에 있는 사람에게 이러한 경향이 많다.

만일 일에는 일정한 형세가 없다는 것을 안다면, 자기 일을 생각할 겨를도 없을진대 어느 겨를에 남을 시기하며 비웃으리오!

* 천서(天序) : 천간(天幹)을 의미하는 갑(甲)부터 시작된다.

인생은 노고(勞苦)와 안일(安逸)이 항상 서로 같다

　늙어서 부귀를 누리는 사람은 반드시 젊었을 때 어려운 고난을 겪었지, 젊어서부터 부귀를 누리며 안일하게 늙는 사람은 없다. 젊은 나이에 과거에 급제하여 관직에 나간 사람은 반드시 중년에는 힘들고 뜻대로 되지 않다가 노년에 이르러 영달을 누린다. 혹 벼슬길은 힘들지 않으나 생활이 곤궁하고, 춥고 배고픔을 걱정하고, 아들 장가보내고 딸 시집보내는 것을 근심한다. 혹 젊은 나이에 벼슬하여 고생을 하지 않고 또 부조(父祖)의 후한 생계를 이어받아 잘 지냈으나 오래 살지 못하는 사람도 있다. 조물주가 인간의 운명을 가감(加減)하는 이치가 대체로 이와 같다.

　간혹 그 사이에 시종 부귀를 누리는 사람이 있으니, 이는 대복지인(大福之人)으로 천만인 가운데 간혹 있으니 상례가 아니다. 지금 사람들이 종종 기묘한 마음으로 꾀를 내어 고생하지 않고 일생동안 부귀를 누리려 하는 것은 대체로 이런 이치를 알지 못하는 것이요, 또 비리(非理)의 것을 꾀하여 자손이 어려서부터 편하게 부귀를 누리기를 바라니 더욱 잘못된 것이다. 마침내 인력은 하늘을 이기지 못할 것이다.

부귀의 하늘이 정한 분수는 자연에 맡겨야 한다

부귀는 일정한 분수가 있다. 하늘이 이미 일정한 분수를 만들고 또 헤아릴 수 없는 기미(機微)를 만들어, 천하 사람들이 조석으로 분주히 부귀를 찾아도 늙어 죽을 때까지 기미를 깨닫지 못하게 하였다. 이와 같지 않으면 사람이 천지 사이에 살면서 전연 아무런 일이 없어 하늘의 조화가 다하고 말 것이다.

그러나 분주히 하여 얻은 자는 한두 사람에 불과하고 분주히 하여 얻지 못한 사람은 천만인이나 된다. 세상사람은 마침내 한두 사람의 얻은 것을 따라 심력(心力)을 다하다가 늙어 죽도록 성공하지 못한 자가 많다. 다른 사람이 분주히 하여 얻은 것도 하늘이 정한 분수에 있는 것임을 알지 못한다. 만일 분수에 있는 것이라면 분주하지 않고 세월이 더디어도 마침내 얻을 것이다.

그러므로 세상에 식견이 높고 넓은 사람은 하늘 조화 밖으로 뛰어나 임의로 왕래하며 그 마음이 평탄하여 근심과 기쁨이 없고 원망과 허물도 없다. 이른바 분주하고 남을 해치는 일을 한 번도 염두에 두지 않으니 어찌 다투는 일이 있겠는가! 선배들이 말하길 "사생(死生)과 빈부(貧富)는 태어나면서 이미 정해졌는데, 군자는 너그럽게 처신하여 군자가 되고, 소인은 분수를 잘못하여 소인이 되었다"고 하니, 이 말이 매우 당연한데 사람들은 알지 못하는구나!

우환(憂患)을 순하게 받아들이면 조금 편안하다

사람이 세상에 태어나서 지각이 생긴 뒤로 근심 걱정으로 뜻에 맞지 않는 일이 이어진다. 어린아이가 소리를 내어 우는 것도 뜻이 편하지 못해서이다. 어려서부터 소년에 이르고 장년에 이르고 노년에 이르러 뜻대로 되는 일은 항상 적고 뜻대로 되지 못하는 일은 항상 많다.

크게 부귀한 사람을 빈천한 사람들이 모두 부러워하여 신선(神仙) 같다고 생각하나 그들도 여의치 못한 것이 있어 빈천한 사람과 다름이 없는데, 다만 근심하는 일이 다를 뿐이다. 그러므로 사람이 세상에 태어나면 마음에 만족한 것이 없다 하여 결함세계(缺陷世界)라 하니, 능히 이런 이치를 알아서 순히 받아들인다면 조금은 편안할 것이다.

어렵게 이루어진 일은 영구하다

사람이 일을 도모하는 데서는 비록 매우 작은 일이라도 의견이 엇갈려서 이루어지기 어렵다. 거의 이루어진 듯하다가 망가지고, 망가진 뒤에 다시 이루어진다. 그런 연후에는 그 이루어진 것이 영구히 안정되어 다시 후환이 없다. 만일 우연히 쉽게 이루어지면, 뒤에 반드시 여의치 못할 것이다. 조화의 은미한 기미를 측량할 수 없는 것이 이와 같으니, 조용히 생각하고 이런 이치를 알면, 마음이 너그러워질 수 있다.

천성이 편벽된 곳을 따라 실수를 구해 주어야 한다

사람이 천품으로 태어난 성품에는 각각 편벽된 것이 있다. 군자는 자기 성품이 편벽된 것을 알기 때문에 부족한 덕을 연습하여 보충하면 온전한 덕을 갖춘 사람이 된다. 보통 사람은 자기 성품의 편벽됨을 알지 못하여 그 편벽된 성품을 곧바로 행하므로 실수가 많다.

서(書)*에 구덕(九德)을 말하였는데, 너그러우면서 씩씩하며(寬而栗), 부드러우면서 곧게 서며(柔而立), 삼가면서 공순하며(愿而恭), 다스리면서 공경하며(亂而敬), 길들이면서 굳세며(擾而毅), 곧으면서 온화하며(直而溫), 간솔하면서 청렴하며(簡而廉), 강하면서 독실하며(剛而塞), 굳세면서 의로워야(疆而義) 한다고 하였다. 너그럽고, 부드럽고, 삼가고, 다스리고, 길들이고, 곧고, 간솔하고, 강하고, 굳센 것은 태어난 성품이요, 씩씩하고, 곧게 서고, 공손하고, 공경하고, 굳세고, 온화하고, 청렴하고, 독실하고, 의로움은 연습하여 보충하는 덕이니, 이것이 성현(聖賢)으로서 성현이 되는 까닭이다.

후세에 성질이 급한 사람이 가죽띠를 차고 성질이 느린 사람이 팽팽한 궁현(弓弦)을 찼으니, 또한 이러한 종류에 가까운 것이다. 그러나 자신의 편벽된 성질은 자기 스스로 깨닫지 못하니 모름지기 다른 사람에게 물어보아야 알 수 있다.

* 서(書)는 《상서》(尙書) 또는 《서전》(書傳)을 가리킨다. 구덕(九德)은 《상서》의 고요모(皐陶謨)편에 실려 있다.

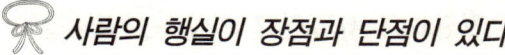 **사람의 행실이 장점과 단점이 있다**

　사람들의 성품과 행실이 비록 단점이 있으나 반드시 장점도 있다. 남과 사귀는 데에서 항상 단점만 보고 장점을 보지 못하면 한시 한 날이라도 같이 있을 수 없다. 항상 장점만 생각하고 단점을 생각하지 않는다면 한평생 같이 사귀어도 된다.

남송대의 시가지 모습(〈南宋風情圖〉에서)

사람은 거만하고 거짓되고 시기하고 의심하는 마음을 품어서는 안 된다

자기 자신이 다른 사람과 대하는 데에서 항상 거만하고 거짓되고 시기하고 의심하는 마음을 품는 사람은 스스로 남에게 욕을 부르는 것이니, 성덕(盛德)의 군자는 이렇게 하지 않는다.

거만한 사람은 자기는 남만 못하면서 남을 경박하게 대하여 자기 보다 못한 사람과 자기에게 요구하는 사람을 보면 만나서 인사도 하지 않고 돌아서면 비웃으니, 만일 뉘우쳐 자기 행실을 살핀다면 부끄러운 땀이 등을 채울 것이다.

거짓된 사람은 말이 친절하여 마음이 매우 후한 것 같으나 속마음은 그렇지 않다. 처음 만나서는 사람이 믿고 사모하지만 두세 번 만나면 종적이 탄로나서 사람들이 침을 뱉는다.

시기하는 사람은 항상 내가 남보다 뛰어나기를 바라므로 어느 누가 어떤 사람을 칭찬하는 자가 있으면 분하게 불평을 일으켜 그렇지 않다고 한다. 못난 사람이 있다는 말을 들으면 기분 좋게 웃으면서 기뻐하니 이것이 어찌 사람들에게 손익이 되겠는가. 다만 사람에게 원망만 들을 뿐이다.

의심하는 사람은 다른 사람이 자기 말을 하는 것이 아닌데도 반복해서 생각하면서 "저 말은 나의 무슨 일을 비난하며 저 웃음은 나의 무슨 일을 비웃는가?" 하여 남과 원망을 맺기 시작하는 것이다.

어진 사람은 남의 비난하는 말과 비웃는 웃음을 들어도 들은 체하지 않으니, 이것이 어찌 사리를 살피는 것이 아니리오!

사람은 충성하고 신실하고 돈독하고 공경하는 것이 중요하다

말이 충성되고 신실하고, 행실이 돈독하고 공경하라는 것은 성인이 사람에게 향리에서 귀중한 사람이 되는 방법을 가르치신 것이다. 대체로 재물이 많더라도 남의 것을 덜어 나에게 더하지 않고, 환란 속에서도 남을 해롭게 하여 나를 이롭게 아니하는 것이 충성이요, 남에게 허락한 바가 있거든 자그마한 것이라도 실천하고, 남과 기약한 바가 있으면 시간을 어기지 않는 것은 신실함이요, 처사(處事)가 후하고 마음이 성실한 것은 돈독함이요, 예모(禮貌)가 공순하고, 언사(言辭)가 겸손한 것은 공경이다.

만일 이것을 실천하면 향리에서 귀중한 위치를 차지할 뿐만 아니라 어디를 가더라도 자유로울 것이다. '공경' 한 가지 일은 나에게 손해가 없는 것이거늘 세상사람들은 겉으로 공경한 체하고, 속마음은 경박하니 이것은 공경을 돈독하게 하지 않는 것이다. 군자는 그런 사람을 일러 아첨하는 무리라고 하였고, 사람들도 그를 귀중하게 여기지 않는다.

내 몸 책망은 두텁게 하고 남의 책망은 엷게 하라

　충성, 신실, 돈독, 공경을 먼저 나에게 다 한 뒤에 남에게 바랄 것이다. 나에게는 극진하지 않고 남을 책망하면 남도 역시 나를 책망할 것이다.

　지금 사람들은 자기의 충신독경(忠信篤敬)을 살피는 자는 대체로 적고 남에게 충신독경을 바라는 사람은 많다. 그러나 나의 충신독경을 극진히 한다면 남을 책할 필요가 없다.

　지금 사람들이 자기의 것을 극진히 하는 것은 진실로 잘하거니와 남이 자기와 같이 하기를 꾸짖어 한번이라도 자기 마음에 들지 않으면 몹시 미워하니, 이 역시 남을 용납하는 덕이 없는 자이다. 한갓 남에게 원망만 얻게 될 것이리라.

일을 처리하는 데는 마음에 부끄러움이 없어야 한다

　지금 사람이 불선(不善)한 일을 하고서 남이 모르는 것을 다행으로 여기고 태연하게 행동하여 꺼리는 바가 없는데, 사람의 이목은 속여도 귀신의 총명은 속이지 못함을 알지 못한다.

　나의 처사가 옳으면 사람은 몰라도 귀신은 알며, 나의 처사가 그르면 사람은 몰라도 귀신은 안다. 나의 마음은 곧 귀신이요, 귀신은 곧 화복(禍福)이 있는 곳이다. 마음을 속이지 못하면 귀신도 속이지 못한다. 시(詩)*에 "귀신이 이르는 것을 헤아리지 못하거든 하물며 싫어하겠는가" 하니, 해석하는 사람이 "나의 마음에 생각하기를 귀신이 이르렀는데도 오히려 헤아리지 못하거든, 하물며 귀신이 곁에 있는데도 믿지 않고 싫어하는 마음으로 처신하면 무슨 짓을 못하겠는가!" 하였다.

　　* 시(詩)는 《시전》(詩傳)을 말한다.

나쁜 짓을 하면서 신에게 기도하면 유익함이 없다

사람이 선한 일을 하다가 이루지 못하여 신에게 빌어서 도와주기를 바라면 비록 효험은 보지 못하더라도 부끄러움은 없지만, 나쁜 일을 하다가 이루지 못하여 신에게 빌어서 도와주기를 바라면 귀신을 속이는 것이 아닌가!

만일 도적질하기 위하여 귀신에게 빌고 무리하게 송사하면서 귀신에게 빌어서 귀신이 따라주기를 바라는 것은 귀신의 노(怒)함을 얻어 화를 받게 될 것이다.

공평정직(公平正直)**은 사람의 당연한 도리이다**

　무릇 사람은 몸가짐을 공평정직하게 해서 이것으로 귀신을 섬기기는 하여도 이것을 믿고 귀신에게 불경(不敬)해서는 안 된다. 이것으로 사람을 섬기기는 하여도 이것을 믿고 사람에게 오만해서는 안 된다. 공자도 귀신을 공경하고 대부를 섬기고 대인을 두려워한다고 하였으니 하물며 그 이하의 사람이랴!

　저 행동을 삼가지 아니한 자도 마음에 부족한 것이 있으면 행동할 때마다 조심하여 능히 화를 피하여 그 몸을 보전하는데, 군자로서 우연히 재앙과 화를 당하는 것은 다만 스스로 믿는 것으로 말미암아 재앙을 부른 것이다.

후회하는 마음은 선(善)을 행하려는 조짐이다

사람이 일을 당하여 항상 지나간 일의 그른 것을 뉘우치고, 항상 지나간 말의 실수를 뉘우치고, 항상 지나간 해의 알지 못했던 것을 뉘우치면, 그 어진 덕(德)의 진취가 오랜 세월에 날로 더해지면서 스스로 알지 못하게 된다. 고인(古人)이 이른바 "지난 나이 60에 59 세의 잘못을 안다"라는 것이니 힘쓰지 않을 것인가!

송대 사람들의 공차기 놀이

악한 일은 경계해야지 행해서는 안 된다

　무릇 사람이 선하지 않은 일을 하다가 이루지 못하면 하늘을 원망하고 사람을 허물하지 말라. 이 사람은 곧 하늘이 사랑하는 사람으로, 나중에 후환이 없을 것이다.

　만일 다른 사람이 선하지 않은 일을 하고도 매번 마음대로 되는 것을 보고 부러워하지 말라. 이것은 하늘이 버리는 사람으로, 그가 악을 많이 쌓기를 기다려 죽여 없애려 하는 것이다. 그 죄벌이 본인에게 당하지 아니하면 자손에게 당할 것이니 두고 기다려 보라. 스스로 지켜보게 될 때가 있을 것이다.

선악의 보응(報應)은 추궁하여 물을 수 없다

　사람이 불선을 행하여 몸이 형육(刑戮)을 당하였으되 자손이 창성
한 자가 있으면 사람들이 괴상하게 여겨 천리가 잘못되었다고 한다.
그러나 이것은 그 사람 선대(先代)에서 적선(積善)을 많이 하고 적
악(積惡)이 적어, 적은 것이 많은 것을 이기지 못하는 것으로서, 악
을 한 사람만 죄의 보복을 받고 많은 적선의 보응이 후인(後人)에게
미치는 것임을 알지 못하는 것이다.
　또 악을 많이 행하고도 부귀안락(富貴安樂)을 누리는 것은 반드
시 그 선대의 은택이 장차 끝마치게 될 것이니, 하늘이 애석하게 여
기지 않고 방자하게 악한 죄악을 쌓아 크게 망하게 하려는 것이다.

사람이 참기를 잘하면 다투는 마음이 없다

　사람이 참는 마음을 익혀 가면 다른 사람이 참을 수 없는 무리한 행동을 나한테 할지라도 평상시와 같이 대처한다. 참지 못하는 마음을 익혀 가면 눈 한번 흘긴 허물을 원수로 삼아 서로 꾸짖으며 소송하여 기필코 이긴 뒤에 그치며, 그것이 큰 실수가 되는 것을 알지 못한다. 사람이 안정된 소견이 있어 객기(客氣)*에 움직이는 바가 되지 않는다면 신심(身心)이 어찌 평안하지 아니하리오!

　* 객기(客氣) : 송대 유학자들은 심(心)을 '본체'(本體)라고 하였고, 스스로의
　　감정을 드러내는 생리(生理)의 성(性)을 '객기'(客氣)라고 하였다.

소인은 마땅히 조심하여 멀리해야 한다

　사람이 평상시에 군자를 가까이하고 소인을 멀리하는 것은 군자의 말은 장원후중(長遠厚重)하고 단정근신(端正謹愼)하니 그 말이 먼저 내 마음에 들어왔다가 내가 일을 행하게 되면 자연히 장원후중하고 단정근신해진다. 소인의 말은 각박(刻薄)하고 부화(浮華)하니 이 말이 먼저 내 마음에 들어왔다가 내가 일을 행하게 되면 자연히 각박하고 부화해진다.

　또 조석으로 남들이 기세를 부리고 사람을 무시하는 말을 들으면 나도 알지 못하는 사이에 기세를 부리고 남을 무시하게 된다. 조석으로 남들의 방탕하고 규칙이 없는 말을 들으면 나도 알지 못하는 사이에 방탕하고 규칙이 없어질 것이다. 이런 유가 한두 가지가 아니니 강한 의지가 있지 않고, 큰 주체력이 없으면 점점 물드는 근심을 면할 수 없다.

🎗 노성(老成)한 사람의 말은 경험이 많다

　노성(老成)*한 사람의 말은 우활(迂闊)하나 경험이 많다. 후생(後生)**들은 비록 총명하여도 식견이 부족하다. 후생들은 노성한 사람의 말을 우활하다고 생각하나, 노성한 사람은 자기가 시험하고 효과를 얻은 말로써 후생을 훈계하면 후생들은 듣기 싫어하고 도리어 훼방하는 자가 많다. 그러나 후생이 나이가 많아지고 경력이 쌓인 뒤에는 비로소 노성한 사람의 말이 복종할 만하다는 것을 깨닫는다. 그러나 이미 모든 험난한 일을 지난 뒤에야 깨닫는다.

　* 노성(老成) : 나이가 많고 덕이 있는 사람.
　** 후생(後生) : 나이가 젊은 청년.

군자는 허물이 있으면 반드시 고치기를 생각한다

성현(聖賢)도 허물이 없지 않은데, 하물며 인간은 성현이 아닌데 어찌 모든 일을 선하게 하리오! 사람이 과실이 있으면 부형이 아니면 누가 훈계하여 책망하며, 절친한 친구가 아니면 누가 간하여 깨우쳐 주리오. 표면적으로 아는 사람은 배후에서 다른 사람과 몰래 말할 뿐이다. 군자는 허물이 있을까 두려워하여 말하는 사람을 찾아가서 사죄를 구하여 고치기를 생각한다. 소인은 남의 말을 들으면 억지로 변론하여 왕래를 끊고 소송을 일으키는 자도 있다.

말은 간략하고 적게 하는 것이 중요하다

　말이 적고 간략하면 나에게는 후회되는 일이 적고 남에게는 원망이 적다.

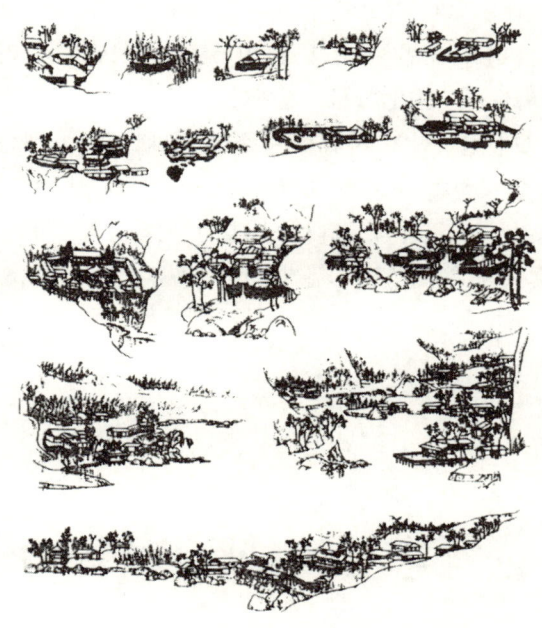

송대 도시 사가(私家)의 원림 풍경

소인이 악을 하는 것은 간하지 말아야 한다

　사람이 말하고 일할 때에 염려하고 살피는 사람은 불행하게 실수를 했다면 간할 수도 있고 의논할 수도 있다. 심정을 방자하게 부려 언행을 망령되게 하며, 그것이 그른 것인 줄을 알면서 고의로 하는 자는 반드시 자기의 포악하고 사나운 힘을 믿고 남들이 자기에게 말하는 것을 배격한다. 향리에서 처신을 잘하는 사람은 이런 사람을 보면 간하지 않을 뿐만 아니라 언의(言議) 사이에도 드러내지 않는 것은 모욕(侮辱)을 멀리하려는 것이다.
　일찍이 보니 한사람이 자기가 평소 친하게 지내는 사람이 실수하는 것을 참지 못하여 충고를 하였더니 도리어 그 사람이 노하여 "내가 그대와 지극히 친한데, 그대가 나를 비방하는가" 하는 것을 보았다. 맹자(孟子)도 "불인(不仁)한 사람은 더불어 말할 수 있는가?" 하였다.

🎗️ 남의 불선(不善)을 깨달으면 스스로를 경계할 줄 안다

선하지 않은 사람은 비록 사람마다 모두 미워하나 또한 사람에게 유익함이 있다. 대체로 사람들은 선하지 않은 사람을 보면 경계하고 두려워하여 불선을 행하지 않는다. 선하지 않은 사람을 보지 않으면 방자하여 불선을 하면서 불선을 깨닫지 못한다.

그러므로 한 집안에 불선한 사람이 없으면, 효우(孝友)의 행실이 나타나지 않고, 마을에 불선한 사람이 없으면 성실하고 두터운 행실이 나타나지 않는다. 비유하건대 칼 가는 돌이 제 몸을 깎아 손상하나 칼과 도끼는 칼돌을 인하여 날카로워지는 이익이 있다.

노자(老子)*가 "불선한 사람은 선한 사람의 자본(資本)이다"고 하였으니 이것을 말한 것이다. 만일 불선한 사람을 보고 같이 악을 하며 서로 잘났다고 다투면 손해만 될 뿐 무슨 이익이 있겠는가?

* 노자(老子) : 춘추시대의 사상가, 도가(道家)의 창시자이다. 성은 이(李), 이름은 이(耳)로 노담(老聃)이라고도 부른다. "불선한 사람은 선한 사람의 자본이다"의 출처는 《노자》 제27장이다.

집안이 망하려면 불초한 자식이 태어난다

향리에 불초한 자제가 있어 주색(酒色)을 좋아하며 도박에 방탕하고 소인을 가까이 하며 말이나 개를 추축(追逐)하여 가산을 탕진하고 거지가 되어 도적질하는 데 이르니, 이것은 그 집안의 액운이거나 혹 그의 부조(父祖)가 악을 쌓아 그렇게 된 것이다. 간하고 훈계해서 고치는 것을 들어보지 못했으니, 비록 친척이라도 어떻게 할 수 없는 것으로 알고 싸우지 말아야 할 것이니, 한갓 원망만 쌓일 뿐이다.

🪢 내 몸이 발라야 남을 바르게 한다

　남에게 선을 권하고 악을 간하는 것은 진실로 아름다운 일이다. 그러나 먼저 내 몸부터 살펴야 한다. 만일 내가 평소에 사람다운 행동을 하지 못했으면 어찌 사람들이 따르지 않을 뿐이리오. 도리어 남에게 멸시를 받을 것이다.

　또한 내가 나라에 벼슬하면서 칭찬을 받았어야 남에게 벼슬하는 방법을 가르칠 수 있고, 내가 정치를 하는 데 공효가 있어야 남에게 정치하는 법을 가르칠 수 있고, 나의 학행(學行)이 남에게 존경을 받아야 남에게 덕업의 중요함을 가르칠 수 있다. 나의 성행(性行)이 남의 존중을 받아야 남에게 품행을 가르칠 수 있고, 내가 몸소 재물을 관리하여 부자가 되었어야 남에게 살림하는 법을 가르칠 수 있고, 내가 부모를 잘 모시고 화합하고 친밀해야 남에게 효행을 가르칠 수 있다. 만일 그렇지 않으면 남에게 비웃음을 면치 못할 것이리라!

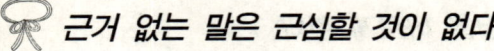 근거 없는 말은 근심할 것이 없다

　사람의 말이 매우 선한데도 혹 비난하는 사람이 있으며, 사람의
행실이 지당한데도 그르게 여기는 사람이 있다. 대체로 모든 사람의
마음이 같지 않고, 모든 사람의 입이 다른 것이 이와 같다.

　군자가 말을 하고 일을 할 때에 마음으로 헤아리고 옛 일을 상고
하고 어진 사람에게 물어서, 이치에 구애됨이 없으면 사람들의 분분
한 말은 근심할 것도 없으며 변론할 것도 없다.

　옛날 성현들과 현재의 재상들과 일시의 수령들도 모두 남의 시비
를 면하지 못하거늘, 하물며 향리에 사는 일개 백성을 두려워할 사
람이 없으니 경솔한 평론을 듣는 것이 어찌 괴상하리오! 대체로 옳
은 일을 그르다 하는 것은 나를 시기하는 사람이요, 또 본래부터 원
한이 있는 자이다. 그런 무리들이 어찌 공론(公論)을 정할 수 있겠
는가? 근심하지 말고 변론하지 말아야 한다.

아첨하고 유순한 말을 하는 사람은 대체로 간사한 무리이다

남이 나의 아름다운 일을 칭송하여 나로 하여금 듣기 좋게 하고 그가 아첨하는 자임을 알지 못하게 하는 자는 소인으로서 가장 간사한 자이다. 그가 나를 면대해서는 아첨하여 기쁘게 하고, 물러가서 다른 사람들에게는 내가 자기에게 우롱당한 것을 비웃을 것이다.

또 사람이 남의 마음을 잘 헤아려서 말의 단서를 찾아 유도하여, 듣는 자가 그 말이 자기 마음에 맞는 것을 기뻐하게 하니, 이것도 역시 소인으로서 가장 간사한 자이다. 그가 나의 마음을 헤아려서 마음을 맞추고, 물러가서 다른 사람과 말할 때에는 또 내가 자기의 요령에 빠졌다고 비웃을 것이다. 이것은 비록 현인이라도 그런 모욕을 받고 깨닫지 못할 것이니 어찌해야 하는가!

모든 일을 너무 심하게 해서는 안 된다

　내가 저 사람을 꾸짖는데도 저 사람이 대꾸하지 않는 것은 저 사람이 필시 나를 용서하는 것이다. 그 사람이 나를 두려워한다 여겨 다시 욕하지 말라. 만일 그 사람이 일어나 나를 상대한다면 내가 말문이 막혀서 능히 말을 못할 것이다.
　또 내가 저 사람을 송사하는데 저 사람이 상대하지 않는 것은 나에게 대처할 방법이 있기 때문이다. 그 사람이 나를 두려워한다 여겨 더 공격하지 말라. 그 사람이 일어나 나를 상대하면 도리에 눌려서 죄를 피할 수 없을 것이다.

🌀 말할 때에 후일을 염려하면 원망과 허물이 적을 것이다

　친척과 친구 사이에는 정이 긴밀할 때에라도 은밀하고 사사로운 말을 다해서는 안 된다. 만일 하루아침에 인심을 잃게 되면 전날에 말했던 일이 싸움과 송사의 자료가 될 것이다.

　서로 냉랭하게 지낼 때에는 꺼리끼는 이야기를 다 해서는 안 된다. 만일 화난 마음이 풀어진 뒤에 서로 사이가 좋아진다면 전날에 했던 말이 부끄러울 것이다. 대체로 분하고 노할 때에는 상대의 꺼리끼는 일을 지적한다든지, 그 부조(父祖)의 악을 폭로해서는 안 된다. 한 때 노기에 격동되어 상대자가 꺼려하는 실질을 지적하여 말하면 상대자의 원한이 골수에 박히는 것을 모른다.

　사람이 "남을 상(傷)하게 하는 말은 창날과 같다"고 하였고, 속담에도 "사람을 때려도 무릎을 때리지 말며, 남 말을 할 때에는 실질을 말하지 말라" 하였다.

남과 함께 말할 때에는 안색을 온화하게 가지는 것이 중요하다

친척과 친구 사이에 말로 인하여 환심을 잃는 자가 있으니 그것은 말이 남을 해치는 것이 아니고 안색과 언성이 사나워 사람의 마음을 노하게 만드는 것이다. 또 남의 단점을 말하는 데도 말이 비록 절실하고 정직하나 안색과 언성이 온화하면, 비록 말을 들어주지는 않더라도 노하지는 않는다.

평상시에 말을 할 때에도 남을 해치는 말이 아닌 데도 안색과 언성이 거칠면 사람들이 노하지는 않아도 또한 의심한다. 옛말에 "집에서 노한 사람이 저자거리에 가서 화를 낸다"고 하니, 내가 화가 나 있다고 다른 사람과 말하는 데 공손하지 않으면 그 사람이 이유를 알지 못할 것이니 어찌 이상하지 않은가. 그러므로 매우 화가 나 있을 때에는 남과 말하는 것을 더욱 경계해야 한다.

선배들이 말하기를 "술 마신 뒤에 말을 조심하며, 밥 먹을 때 꾸짖지 말라. 어려운 일을 참고 견디면 순한 사람이 강하게 된다"고 하였으니, 항상 이 말을 염두에 두면 편하게 지낼 수 있을 것이다.

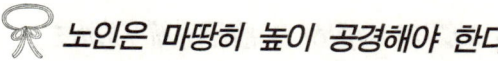 **노인은 마땅히 높이 공경해야 한다**

　나이 많은 사람을 지방에서 공경하는 것은 친하기가 쉽기 때문이다. 그러나 지방에서 나이가 많고 덕이 박한 사람은 형벌이 자기에게 가해지지 않을 것이라고 생각하여 경솔하게 남을 꾸짖고 욕하면서 부끄러워할 줄 모른다. 군자는 마땅히 그런 사람을 넉넉하게 용서하여 너그럽게 대해 주어야 한다.

이숭(李嵩)의 〈화람도〉(花籃圖)

사람과 사귈 때는 의기가 화합하고 친근하게 대하는 것이 중요하다

  사람과 사귈 때에 나이의 고하(高下)를 막론하고 항상 화합하고 친근하게 대해야 하고 겉치레를 꾸며 가식적으로 존대해서는 안 된다. 만일 언어와 행동이 남달리 거만하면 누가 가까이하리오?
  그러나 사람들을 너무 경박하게 가까이 지내서는 안 된다. 술자리에 참여하여 노래도 하며 즐길 수 있으나 혹 친한 것이 지나쳐 남을 비웃으며 조롱하다가 남이 꺼려하는 일을 하게 되면 싸움이 일어난다.

행실과 재주가 고상하면 사람들이 자연히 복종한다

나의 행실이 고상하면 사람들이 자연히 존중하니, 나의 용모가 고상해서가 아니다. 나의 재주가 고상하면 사람들이 자연히 복종하니, 나의 언어가 고상해서가 아니다.

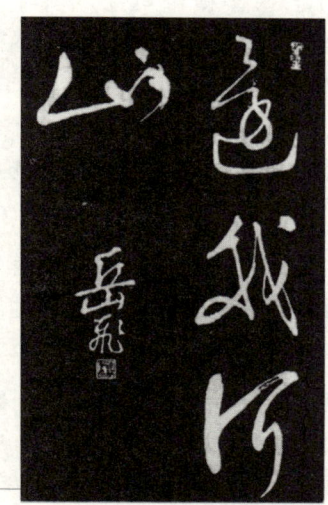

충신 악비(岳飛)의 필적

소인이 악행을 저지르면 반드시 하늘이 벌준다

지방에 살거나 혹 귀현(貴顯)의 가문이 주현(州縣)에서 위세를 부리고 사람들을 깔보는 자가 있다. 또 재물이 많은 부자로서 공공연하게 뇌물을 쓰면서 사람들을 깔보는 자도 있다. 바야흐로 그들이 세력을 얻을 때는 주현에서 "누구도 어찌할 수 없어" 귀신도 피할 지경인데, 하물며 빈궁한 촌사람으로서 누가 감히 갚을 수 있겠는가! 그들의 가옥과 분묘와 산림과 전원에 인접해 있는 다른 사람들의 소유지를 횡탈(橫奪)하여 자기의 소유로 만든다. 의복, 음식, 기용(器用)에 관계된 사소한 물건까지도 마음에 있으면 빼앗아 자기의 것으로 만든다.

이런 사람은 삼가 피해야 하고, 그가 죄악을 깊이 쌓아 하늘이 벌을 내린다면 그의 자손들이 스스로 부조(父祖)의 가산(家産)을 망치고 마을 사람들과 원수가 된다.

지방에서 또 소송하기를 좋아하는 사람이 남의 시비를 가로맡아 함부로 송사를 일으켜 소란을 피워도 주현에서 감히 그 죄를 다스리지 못한다. 또 부형과 자제들이 많은 것을 믿고 악당들을 결집하여 남의 물건을 강탈한다. 뜻대로 되지 않으면 무리를 지어 사람을 구타하며 각 주현에 뇌물을 바쳐 죄를 면하는 사람도 있다. 이런 사람들도 그 죄를 캐어 다스리지 않아도 그 사람이 악한 행동을 하는 것이 많아져 천벌을 내린다면 할 수 없이 스스로 법망(法網)에 걸려 구해낼 계책이 없을 것이다.

140

대체로 죄악을 짓고도 요행으로 죄를 면하는 자는 반드시 다른 날 까닭 없이 보복을 받게 된다. 이것이 이른바 "하늘의 죄망(罪網)이 넓고 넓어, 성글어도 새는 것이 없다"는 것이다.

군자와 소인은 각각 두 부류가 있다

　시골에 선비가 술책으로써 사람을 대하여 가까이할 수도 없고 멀리할 수도 없는 자가 있으니 이것은 군자 중에 소인이라는 것으로 조심하지 않아서는 안 되니, 그 사람과 신의를 끊으면 나에게 누(累)가 될까 염려해서이다.
　농공상고(農工商賈), 노복(奴僕) 중에서도 천품이 충후(忠厚)하여 가히 나의 재물을 위탁할 만한 자가 있으니 이것은 소인 중의 군자로 알지 않을 수 없으니, 마땅히 은혜로 어루만져 그에게 사기 당할 것을 근심하지 말아야 한다.

관가(官家)나 사가(私家)에 거처하는 것이 본래 한가지 이치이다

사대부가 사가(私家)에 있을 때는 관직에 있던 때를 생각하면 관가에 가서 간청하고 협박하여 시정(時政)을 요란하게 하지 않을 것이다. 또 관가에 있으면서 사가에 있을 때를 생각하면 포악하고 방자하여 백성의 원한을 사지 않을 것이다.

이와 같이 돌이켜 생각하지 않는다면 모두 옳다. 그러므로 현임관은 매양 기거관(寄居官)*의 악행을 말하고, 기거관은 현임관의 불미스러운 일을 말하여 선한 사람까지 한꺼번에 덮어 버린다.

* 기거관(寄居官): 송대에 기거(寄居)는 일종의 관제 용어이다. 차견(差遣)을 받아 중앙과 지방을 전전하는 동안 항상 직무를 맡고 있었던 것은 아니다. 관위(官位)는 가지고 있으면서 직사(職事)는 맡지 않고 봉급(俸給)은 받았다. 이 한관(閑官)의 시기에 있는 사람을 기거관이라고 한다. 남송대에 기거관의 폐해로 이를 규제하는 법률이 정비되었는데 지방관으로 임기를 마친 후 3년 이내에 그 지역에 기거해서는 안 된다는 것이다.(竺沙雅章, 〈宋代官僚の寄居について〉, 《東洋史研究》 41-1, 1982)

소인은 충신(忠信)으로써 책망하기 어렵다

'충(忠)' '신(信)' 두 가지 일은 군자는 지키지 않는 사람이 적고, 소인은 지키지 않는 사람이 많다. 소인이 시장에 물건을 파는데, 해진 물건을 새 물건으로 꾸미고, 가짜 물건을 진짜 물건으로 꾸미고, 비단에 아교풀을 바르고, 쌀과 보리를 물에 불리고, 수육에 물을 붓고, 약재는 다른 것으로 바꾼다. 듣기 좋은 말로 팔기만을 구하고 사람이 잘못 먹는 것은 생각지도 않으니 그 불충(不忠)함이 이와 같다.

또 남에게 빚을 지고서 오래도록 갚지 않아서 돈 빌려준 주인이 독촉하면 한 달을 연기하고, 기일이 되었는데도 갚지 않고 또 한 달을 연기하고, 또 기일이 되었는데도 또 갚지 않아 십여 번 기일에 이르러도 여전히 갚지 않는다.

공장(工匠)이가 그릇을 만들면서 선금으로 받은 뒤에, 사는 사람이 그릇을 독촉하면 한 달을 연기하고 또 기일이 되어 독촉하면 또 한 달 연기하고 십여 번 기일이 지나도록 여전하니 그 불신(不信)이 이와 같으며, 기타의 일도 다 헤아릴 수 없다.

소인은 날마다 이런 행동을 하면서 조금도 괴이하게 생각지 않는데 군자가 이따금 분하게 생각하여 곧바로 심하게 다스려 구타하고 송사하는 데 이른다. 만일 군자가 자기 몸을 살펴 불충(不忠)·불신(不信)의 일을 행하지 않고, 소인이 무지한 것을 불쌍히 여기고, 그 사이에 부득이하여 스스로 편하게 지내느라 그렇게 되었다고 생각하면 조금 치지도외(置之度外)할 수 있다.

144

🎗 가짜 약 파는 것을 경계한다

사인(舍人) 장안국(張安國)*이 지무주(知撫州)**였을 때, 가짜 약을 파는 자가 있다는 말을 듣고 경계하는 약속을 포고한 글에 "도은거 (陶隱居)***와 손진인(孫眞人)****이 《본초》(本草), 《천금방》(千金方)으로 사람들의 생명을 많이 구제하고 음덕을 많이 쌓아 이름이 열선 (列仙) 중에 실려 있다"고 하였다.

이후로, 의술을 행하고 약을 팔아 성심껏 사람을 구제하여 남들에게 이로움을 준 사람들이 아주 많다. 본서에 기재되어 있지 않으나 요즘에 이러한 징험이 더욱 많다. 다만 한 가지의 진짜 약을 파는데 많은 재산을 얻어 혹 자신도 영화로우며 장수를 누리고, 혹 자손이 급제하여 문호(門戶)가 바뀌는 것이 그림자가 형체를 따라 움직이듯 조금도 어김이 없다.

또 가짜 약을 파는 사람을 보니, 처음에는 조금 가업을 일으켜 계책을 얻었다 싶더니 부지중에 자기가 받는 녹봉(祿俸)이 감소되며 혹 자신이 화를 입기도 하고, 자손이 이유 없이 재산을 탕진하며, 심지어 화재를 당하고 벼락을 맞는 자도 있다. 대체로 그 약을 사는 사람은 모두 급한 질병으로 돈을 가지고 약 파는 집을 찾아가는 효자 자손으로서, 딱 한 번만 복용하고 즉시 낫기를 바랐는데 가짜 약에 속임을 당하여 효과가 없을 뿐만 아니라 도리어 손상을 입었다.

한 마리의 새와 짐승도 잘못 죽이면 보응(報應)이 있는데, 하물며 만물 중에 가장 소중한 인명(人命)이랴! 죄 없이 화를 입으면 그 분

통이 어떠하겠는가 하였으니, 사인(舍人)의 이 말이 어찌 가짜 약만
을 말한 것이겠는가? 유식한 사람은 마땅히 미루어 생각해 보아야
할 것이다.

 * 장안국(張安國) : 장효상(張孝祥)을 말하며, 자(字)는 안국이다. 남송 소흥
   (紹興)대의 진사(進士).
 ** 지무주(知撫州) : 무주는 지금의 강서성(江西省) 무주(撫州)이며, 이곳의
    지주(知州)를 뜻함.
 *** 도은거(陶隱居) : 도홍경(陶弘景, 456~536)을 말함. 남조 때의 도교 사상
     가, 의학가. 《본초경집주》(本草經集注) 7권을 찬사(撰寫)하였음.
 **** 손진인(孫眞人) : 손사막(孫思邈, 581~682)을 말함. 당대의 의학가. 저서로
      는 《천금요방》(千金要方)과 《천금익방》(千金翼方)이 있음.

146

언어와 용모가 진중하면 위엄이 있다

시장거리의 다방과 술집은 모두 소인들이 있는 곳이다. 우리들이 혹 그곳을 지나더라도 언어와 용모를 단정히 하면 남이 경솔하게 모욕하는 근심이 없다. 혹 비난하더라도 또한 들을 필요가 없으니, 미친 사람과 술 취한 사람이 있거든 즉시 피하고 접촉하지 말아야 한다.

북송의 수도 개봉(開封)의 시장 거리(1)[張擇端의 〈淸明上河圖〉에서]

의복은 사치하고 이상하게 입지 말아야 한다

　의복을 남과 다르게 입고 저자거리에 나가지 말 것이니, 반드시
소인들이 무시하는 바가 될 것이다.

북송의 수도 개봉(開封)의 시장 거리 (2) [張擇端의 〈淸明上河圖〉에서]

시골에서는 되도록 소박하게 지내야 한다

　시골에서는 거마(車馬)와 의복을 눈에 띄게 화려하게 해서는 안 된다. 시골 친척과 친구들 가운데에는 가난한 사람이 많으니 눈에 띄게 남과 달리하면, 가난한 사람들이 부끄러워하여 나를 가까이 아니할 것이니 내가 어찌 편할 수 있으리오! 이러한 이야기는 유치한 사람들과는 말할 수 없다.

〈청명상하도〉에 나타난 일반 백성들의 여러 모습

 ## 부녀들의 의복 장식은 청결해야 한다

 부녀들의 의복 장식은 되도록 청결해야 하나 남보다 특이해서는
안 된다. 예컨대 십여 명이 같이 있는데 오직 한 사람의 의복 장식
이 유독 다르면, 모든 사람이 주목할 것이니 본인의 행동이 어찌 편
할 수 있겠는가?

송대 여자의 머리 장식과 화관

예의는 욕심을 제어하는 큰 울타리이다

　음식은 사람의 욕구로 없어서는 안 될 것이나 비리(非理)로 구하면 게걸스럽게 되고, 남녀는 사람의 욕구로 없어서는 안 될 것이나 비리로 가까이하면 간음(姦淫)이 되고, 재물은 사람의 욕구로 없어서는 안 될 것이나 비리로 얻으면 도적이 된다.

　사람이 욕심을 방종하게 하면 싸움 길을 열어 소송이 일어난다. 성왕(聖王)이 이것을 염려하여 예절을 만들어 사람의 음식과 남녀를 절제하고, 의리를 만들어 사람이 취할 것과 주는 것을 규정하였다. 군자는 이 세 가지의 욕구를 알지만, 감히 경솔하게 말하지 않거든, 하물며 마음에 생각을 품겠는가! 소인은 이와 반대이다.

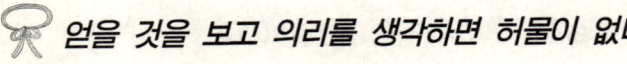 얻을 것을 보고 의리를 생각하면 허물이 없다

성인이 보고도 욕심내지 않으면 마음이 어지럽지 않다 하였으니, 이 말은 일을 살피는 중요한 방법이다. 대체로 사람이 좋은 음식을 보면 침을 삼키고, 아름다운 여자를 보면 쳐다보고, 돈을 보면 욕심이 생기나니, 진실로 주체력이 있는 사람이 아니면 세 가지 욕심을 버리지 못한다. 능히 욕심의 근원을 막아서 보아도 보지 않는다면 망령된 마음이 생기지 않고, 망령된 마음이 생기지 않으면 잘못된 행동이 없을 것이다.

사람이 정에 미혹되면 돌아오지 못한다

자제들이 정욕에 미혹되어 마음을 돌이키지 못하고 가업을 파산하는 데 이르러도 후회하지 않으니, 이는 처음 저질렀을 때에 마음에 식견이 없어서 능히 깨닫지 못하였으므로 결국 돌아오지 못하게 되는 것이다.

화관을 쓰고 있는 송대 여인의 모습

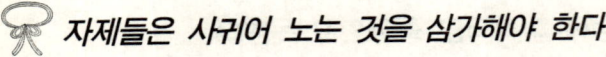

자제들은 사귀어 노는 것을 삼가해야 한다

세상 사람들이 그 자제가 혈기가 안정되지 못해서 주색과 도박으로 마음을 혼란시켜 파산지경에 이를까 근심하여 자제를 집안에 있게 하고, 출입을 엄금하고 친구를 사귀지 못하게 하여, 견문이 없어 투박하고 어리석어 인정 없는 사람으로 만들려 하니, 이것은 좋은 계책이 아니다.

엄금하는 방비가 한번 풀어져 정욕의 구덩이가 갑자기 열리면 마치 불이 산림을 태우는 듯하여 제지할 수 없는 것과 같은데, 집에 가두고 마음 둘 곳이 없게 하면 은밀한 속에서 악행을 하는 것이 밖에서와 무엇이 다르리오!

차라리 수시로 출입하면서 친구 사귀는 것을 삼가게 하여 악행에 대해 싫증이 나도록 듣게 하면 자연히 스스로 깨달아 부끄러움을 알고 하지 않을 것이다. 이러한 일을 내버려 두더라도 어리석어 소인들에게 흔들리는 무리가 되는 데는 이르지 않을 것이다.

가업은 근심과 두려움 속에서 이루어지고, 나태와 안일에서 파산된다

　가업을 일으키는 사람은 재물을 생산하는 것이 풍성하여 밤낮으로 근심하고 두려워하고, 춥고 배고픔을 면할 수 없을까 염려한다. 가산을 탕진하는 사람은 생업이 날로 소멸되면서도 위풍당당하고, 방자하여 "다시 염려할 것이 없다"고 한다.

　이것이 이른바 "길한 사람은 그 길한 일을 흉하게 여기고, 흉한 사람은 그 흉한 일을 길하게 여긴다"는 것이니, 이 효험이 항상 사람이 건장하여 늙지 않은 때와 이미 늙어서 죽기 전에 나타나니, 안목이 있는 사람은 마땅히 스스로 깨달아야 한다.

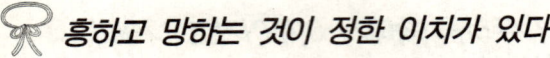# 흥하고 망하는 것이 정한 이치가 있다

집안을 일으킨 사람이 하는 일이 뜻대로 되는 것을 보고 나의 지혜와 방법이 교묘하기가 이와 같다고 생각하고, 자기 운명의 우연이란 것을 알지 못하고 의기양양하여 많이 얻기를 욕심낸다. 또 스스로 나만이 홀로 오랫동안 유지되어 망하지 않을 것이라 생각하니, 어찌 조물주의 웃음거리가 되지 않으리오!

대체로 그 집을 파괴할 사람인 그의 아들이나 그의 손자가 이미 태어나서 조석으로 부조(父祖) 곁을 에워싸고 있으니, 이들이 모두 훗날에 부조의 생계(生計)를 파괴할 사람들로, 부조가 그때까지 살아서 보지 못하는 것이 한스러울 따름이다.

선배들이 새 집을 지은 뒤에 집 지은 공장(工匠)이들을 동쪽 행랑에서 연회하면서 "이 사람들은 집을 지은 사람들이라" 하고, 자제들은 서쪽 행랑에서 연회하면서 "이 사람들은 집을 팔 사람들이라" 하더니, 그 뒤에 과연 그 말과 같이 되었다.

근세의 사대부들이 말하기를 "눈으로 볼 수 있는 것은 헛된 일이요, 눈으로 볼 수 없는 것은 염려할 일이 아니다"고 하여, 이것은 유식한 군자가 인력이 미칠 바가 아니라고 하였다. 이처럼, 그 마음이 너그럽고 태평하니, 몽매한 사람과 무슨 차이가 있겠는가?

재용(財用)의 절도는 마땅히 수입을 헤아려 지출을
해야 한다

집안을 일으키는 사람이 수입이 늘어나 성공하기 쉬운 것은 대체로 의복, 음식, 기용(器用)과 길흉사(吉凶事)의 온갖 비용의 규모가 항상 구습을 따라 검약하기 때문이다. 그러므로 날마다 수입이 지출보다 많으니 이로써 항상 여유가 있다.

부잣집 아들이 가업을 뒤엎기 쉬운 것은 의복, 음식, 기용 및 길흉사의 온갖 비용의 규모가 항상 구습을 따라 많고 또 재산을 나누어 문호(門戶)를 성립시키는 데 드는 비용이 전날보다 몇 배가 증가되기 때문이다. 자손이 능히 각성하여 장원(長遠)한 계책을 생각하여 비용을 덜어 조절하더라도 지탱하기 어려운데, 하물며 각성하지 못하는 자가 어떻게 지탱하겠는가!

고인(古人)이 이르기를 검박함으로부터 사치한 데 들어가기는 쉽고 사치함으로부터 검박한 데 들어가기는 어렵다 하였으니, 이것을 두고 한 말이다.

대귀족의 집은 가업을 보전하기가 더욱 어렵다. 바야흐로 높은 지위에 있을 때에는 비록 집에서 한가로이 있을 때에도 봉급이 후하고 들어오는 뇌물도 많다. 사령(使令)들이 많아도 모두 관에서 월급을 준다. 의복, 음식, 기용이 모두 화려하고 사치해도 그 비용은 자기 집의 재산으로 지출되는 것이 아니다. 관직에 있지 않을 때는 전날의 봉급, 음식, 사령하는 사람이 없지만, 그 일용의 백 가지 비용이 집안 재산에서 나오지 않는 것이 없다. 하물며, 분가한 모든 집에서

가용(家用)을 여전히 사치하게 쓰니, 이렇게 하고서 어찌 가산이 탕진되지 않으리오! 이 또한 자연스런 형세이니 자제 된 사람들은 마땅이 헤아려 절제해야 한다.

송대에 과거시험 보는 모습

가업을 일으키고, 이루어진 것을 지키는 데는 마땅히 장구한 계책을 세워야 된다

사람이 세상에 살면서, 부조(父祖)가 가업을 일으키는 데 어려움을 생각하여 제사 오래 지내기를 생각지 아니하고, 또 자손이 의지할 데 없으면 기한(飢寒)을 면할 수 없음을 생각지 않는다. 자식을 많이 출산하고도 길 가는 사람같이 보고, 주색을 탐하고, 도박에 방탕하여, 가산을 파산하면서 일시의 쾌락을 취하니, 이것은 모두 가문의 불행이다.

이렇게 되면 형법에 걸려도 근심하지 않거늘, 어찌 가르치고 권장하며, 책망으로써 그 마음을 돌릴 수 있으리오! 어찌할 수 없을 뿐이다.

재물을 절약하여 사용하는 것은 항상된 이치가 있다

사람이 재물이 있어서 도둑을 맞을까 염려되면 반드시 끈으로 묶고 자물쇠로 잠궈 봉(封)하고 기록하기를 엄하게 하고, 재물을 정도 없이 써서 없어질까 염려되면 쓰기를 절도 있게 한다. 그러나 재물을 잘 간직했는데도 잃었으니 백 날을 엄하게 간직해서 하루도 소홀함이 없었다면 잃지 않았을 것이요, 백 날을 엄하게 간직하다가 하루를 엄하게 하지 않았다면 하루의 실수가 백 날을 엄하게 하지 못한 것과 같다.

재물을 매우 절약하여 썼는데도 마침내 곤란하게 되는 것은 백 가지 일에 절약해서 사용하여 한 가지 일에도 낭비가 없었다면 곤란하지 않았겠지만, 백 가지 일에 절약하여 쓰다가 한 가지 일에 절약하여 쓰지 않았으면, 한 가지 일의 허비가 백 가지 일을 절약하지 못함과 같다. 이른바 백 가지 일이라는 것은 음식, 의복으로부터, 가옥, 원관(園館), 거마, 노복, 기용(器用), 완구 등등의 한 가지뿐만 아니다.

풍족하고 검박한 것을 재산 능력에 맞추어 쓰면 낭비가 아니고, 재산 능력을 헤아리지 않고 쓰거나, 혹 능력은 있는데 지나치게 하거나 남용에 가까운 것은 모두 잘못된 낭비이다. 연소자로서 가사를 주관하는 자는 깊이 알아야 한다.

일은 미리 준비하는 것이 중요하니 늦으면 때를 놓친다

중산층의 집은 모든 일을 일찍 염려하지 않아서는 안 된다. 아들이 있으면 생계를 찾도록 생업을 가르치는 것은 모두 미리 염려하는 것이다. 딸을 기르는 데도 또한 옷, 이불, 장염(狀奩)* 등의 물건을 미리 저축해 두면 시집 보낼 때에 힘들지 않을 것이다.

만일 방치해 두고 의논도 않고 다만 닥쳐서 한다고 말하나 아무런 방법이 없다. 다만 때에 닥쳐서 밭과 집을 팔고 딸로 하여금 남보기 부끄럽게 만드는 것을 걱정하지 않아도 된다. 집에 노친이 있는 데도 사후에 장사 지낼 여러 물건을 미리 준비하지 않고 또한 그때 닥쳐서 한다고 하나 역시 아무 방법이 없고, 그때에 밭과 집을 팔고 장례가 예절에 어그러지는 것을 근심하지 않는다.

지금 한 사람이 딸 하나를 낳고 삼나무 만 그루를 심는 자가 있으니 딸이 나이 들어 삼나무를 팔아 시집 보낼 자금으로 쓴다면 그 딸이 시집갈 시기를 잃지 않을 것이다.

한 사람은 장년에 죽어서 쓸 수의(壽衣), 수기(壽器), 수영(壽塋)을 미리 장만하여 둔 자가 있는데, 이것은 그 사람이 죽어서 3일, 5일이 지나도록 염할 옷도 없고 관(棺)도 없으며 3년, 5년이 지나도록 장례 치를 땅이 없는 지경에 이르지 않을 것이다.

* 장염(妝奩) : 여자가 시집갈 때 가져가는 물건(토지, 비단, 자수, 옷감, 보석 등)을 총칭함.(배숙희 역, 《중국여성의 결혼과 생활》, 삼지원, 2000)

관가(官家)나 사가(私家)에 거처하는 것은 본래
한가지 이치이다

  관가에 거처하기를 사가에 거처하는 것과 같이 하면 반드시 돌이
켜 생각하는 것이 있고, 사가에 거처하기를 관가에 거처하듯이 하면
반드시 기강이 설 것이다.

황제를 알현하는 관료

자제들은 마땅히 유업(儒業)을 익혀야 한다

사대부의 자제들이 벼슬을 못하여 세록(世祿)을 지킬 수 없고, 가난하여 의지할 산업이 없는데, 부모를 섬기고 처자를 기르려 한다면 유업을 하는 것만 같지 못하다.

재주가 있어 진사(進士)의 업을 익히면 위로는 과거시험에 합격하여 부귀를 얻을 것이다. 다음은 교수(敎授)*가 되어 보수를 받을 것이다. 진사의 업을 익히지 못하는 자는 위로는 글씨와 편지를 익혀 서한을 대필하고 다음은 문사(文詞)의 구두를 익혀 동몽(童蒙)의 스승이 될 것이요, 만일 유자가 되지 못하면 무당, 의원, 승려, 도인, 농부, 상인, 기술 등 온갖 양생사업으로 조상을 욕되게 하는 일이 아니라면 모두 다 할 수 있다.

자제들이 방탕하여 거지와 도적이 되는 것이 가장 조상을 욕되게 하는 것이다. 그러나 세상에 유생이 되지 못한 자가 무당, 의원, 승려, 도인, 농부, 상인, 기술 등의 일을 즐겨하지 않고 거지와 도적이 되려 하니 베임을 받을 자이다.

무릇 귀인(貴人) 앞에서 얼굴을 들고 돌보아주기를 구하며, 부자 앞에서 허리를 굽히고 구걸하며, 사찰과 도관으로 돌아다니며 걸식하니 이들을 가리켜 사람들이 천운자(穿雲子)라 하니, 모두 거지의 무리이다.

관에서는 남을 속이고 재물을 훔치고, 지방에서는 어리석고 약한 사람을 기만하여 그들이 가진 것을 약탈하고 관에서 금지하는 차,

소금, 술과 같은 종류를 몰래 파니 모두 도적의 무리다. 세상 사람들이 그런 행동을 하면서 부끄러워하지 않으니 어찌된 일인가!

* 교수(敎授) : 학관(學官) 중에서 중요한 직책으로 주로 교육에 종사하였다. 북송 신종 희녕 8년부터 시험을 통해서 교수를 선발하였다.(배숙희, 《송대 과거제도와 관료사회》, 삼지원, 2001)

남송 휘종 황제가 그린 〈오색앵무도〉(五色鸚鵡圖)

지나치게 태만하고 오락에 빠지는 근심

대저 사람이 살면서 업(業)이 없고, 업이 있으되 편한 것만 좋아하고 힘쓰기를 싫어하는 자는 집이 부유하면 하류(下流)의 행동을 익히고 가난하면 거지가 된다. 또 사람이 살면서 한량없이 술을 마시며 정도 없이 고기를 좋아하며 방탕하고 도박을 일삼는 자는 부유하면 가산을 탕진하고 가난하면 절도자가 된다.

연회에서 시중 드는 여성

남의 급한 것을 도와주는 데는 이치에 맞게 하는 것이 중요하다

사람이 환란을 당했어도 구제할 수 없고, 곤란해도 호소할 데 없고, 가난하여 살 수 없으나 사람됨이 질박하고 어눌하고 부끄러운 마음이 있어서 남에게 말하지 못하는 사람이 있다. 그런 사람은 내가 비록 여유가 없더라도 마땅히 힘닿는 대로 도와주어야 하나니, 그런 사람은 비록 갚지는 못하여도 남의 은혜는 안다.

또한 어떤 사람은 본래 궁핍하지도 않은데 남에게 청탁하는 것을 업으로 삼아 아첨 잘하는 재주를 믿고, 귀인(貴人)과 부인(富人)의 집을 두루 방문하며, 주(州)를 지날 때는 주를 방문하고, 현(縣)을 지날 때는 현을 방문하여 얻은 것이 있으면 자기의 재능이라 하고, 얻은 것이 없으면 원수로 여긴다.

오늘날 남의 은혜를 입고도 은혜에 감사하는 마음이 없고 훗날에 가서는 덕을 갚는 일이 없으니, 이런 사람은 구휼할 것도 없고 돌아볼 것도 없는 것으로 대해야 한다. 어찌 감히 내가 쓰지 않는 재물을 나누어 남의 부당한 용도에 도움을 주리오.

남의 은덕을 경솔하게 받아서는 안 된다

고향에 있을 때나 객지에 있을 때에 남의 은덕을 경솔하게 받아서는 안 된다. 내가 출세하지 못했을 때, 남의 은덕을 받고 항상 마음속에 간직하고 있으니 그 사람을 볼 때마다 늘 두렵다. 그 사람도 또한 나에게 은덕을 베푼 것으로 항상 가슴속에 간직하다가 내가 출세한 뒤에도 은덕을 갚지 못하거나 갚지 않으면 배신이라 여긴다. 그러므로 한 그릇의 밥과 한 끝의 비단이라도 경솔하게 받아서는 안 된다.

선배들이 사람이 벼슬한 뒤에 친구를 많이 구하는 것을 보고, 남의 은덕을 많이 받으면 벼슬하기 어렵다 경계하니, 이 말을 마땅히 깊게 생각해야 한다.

남의 은덕을 입었으면 마땅히 기억하고 살펴야 한다

　지금 사람들은 남의 은덕을 받고도 대체로 기억하지 않으나 자기
가 남에게 선물한 것은 사소한 물건이라도 일일이 기억하고 있다.
옛말에 남에게 은혜 베푼 것은 생각하지 말고 남에게 받은 은혜는
잊지 말라 하였으니, 진실로 어려운 일이다.

송대의 지폐

🪢 인정의 후박(厚薄)을 깊이 따지지 말아야 한다

　사람이 빈곤할 때에 고향 사람의 보살핌을 받지 못했다면 출세해서는 고향 사람을 원수같이 여긴다. 고향 사람이 나에게 후하지 못한 것을 한탄하면서 내가 고향 사람에게 후하지 못한다면, 훗날에 고향 사람이 나의 후하지 못한 것을 기억하지 않겠는가! 다만 평소에 나에게 박정한 사람에게는 후하게도 말고 원망하지도 말아야 한다. 만일 평소에 나와 서로 알지 못하는 사람이 곤궁하여 내가 구제해 줄 수 있다면 도와주지 않을 수 없다.

🏵 원망 갚기를 곧은 것으로 하는 것은 공정한 마음이다

성인(聖人)이 말한 "곧은 것으로 원망을 갚으라"* 는 말은 가장 중정(中正)한 도리로 통할 수 있다는 것이다. 대체로 원망으로 원망을 갚는다는 것은 말할 것이 없고, 사대부가 덕이 후하다는 이름을 얻고자 하여 혹 원수진 사람이 간사한 행동을 방탕하게 하여도 죄를 다스리지 않는 것은 모두 가식적인 일로 인정에 가깝지 않다.

성인이 말한 '곧은 것'이란 말은 그 사람이 어질면 원수라 하여 폐하지 않고, 그 사람이 불초하면 원수라 하여 비호하지 않는다. 시비(是非)와 거취(去取)를 실지대로 하는 것이니, 이렇게 원수를 대하면 번갈아 서로 반복하여 복수하는 지경에 이르지 않을 것이다.

---

* "곧은 것으로 원망을 갚으라"는 말은 《논어》 헌문(憲問)편에 나온다.

송사는 오래 끌면 안 된다

　고향에서는 마지못하여 남과 싸우고 또 마지못하여 남과 송사하게 된다. 상대방이 만일 자기의 옳지 않은 것을 인정하면 그만두어야 할 것이다. 재물을 허비하면서 관리와 결탁하여 통쾌하게 이기기를 구하여 원한을 철저히 갚으려 해서는 안 된다.

　재산을 다투어 송사하는 데 이르러 이길 수 없는데 억지로 이기기를 구한다면, 뇌물을 탐하는 관리나 만나면 혹 뜻대로 될 것이나 어찌 신명(神明)에게 부끄럽지 않겠는가! 상대가 승복하지 않고 계속하여 서로 소송하면 비용이 처음에 비해 10여 배나 될 것이다. 하물며 현명한 장관을 만난다면 무리한 송사가 어찌 유리한 송사가 되겠는가!

　대체로 사람들의 송사가 서로 옳고 그른 것이 있어 제각기 자기의 옳은 것만 말하고 그른 것은 숨기니 유사(有司)*가 현명하지 못하여 제대로 판단하지 못하고 혹 판결하더라도 내용 사정을 다 밝히지 못한다. 서리들은 중간에서 뇌물을 받고 법을 농락하니 어리석은 사람이 가산을 탕진하는 것이다.

---

　* 유사(有司) : 관에 따라 직을 달리했으므로[設官分職] 각각 전문적으로 일을 맡아보는 전사(專司)가 있었다. 그러므로 관리를 유사라고 칭하였다.

포악한 관리가 백성을 해치면 반드시 천벌을 받는다

　탐욕하고 포악한 관원과 횡포하고 각박한 서리가 있으면, 현명한 호걸은 향민들이 포악당하는 것을 참지 못하여 힘을 내 송사한다.

　그러나 탐욕스럽고 포악한 관원은 반드시 믿는 데가 있다. 혹 그의 친속이 요직에 있기도 하고, 혹 그가 여러 주현 관리들과 친하기도 하여, 움직이기 어렵고 횡포하고 각박한 서리들도 믿는 데가 있다. 혹 현재 장관이 좋아하고, 혹 각 주의 서리 무리들과 오래 친하여 꺼리낌이 없는 사이다.

　그러다가 민간에서 관리를 송사하는 일이 있으면 장관은 세력 있는 상관에게 형세를 요청하는 글을 올려 청탁하고, 서리는 관고의 돈으로 뇌물을 올려 이력과 공적을 기록한 문서를 없애고 참고될 문서를 고치면 민간에서 애써 송사하여도 쉽게 이기지 못한다.

　또 관리를 송사하는 사람은 다만 관부(官府)를 견제하여 자기를 두려워하게끔 하는 것이지 백성을 위하여 해를 제거하려는 것은 아니다. 주현의 관리를 소송하는 사람은 관리가 자기를 두려워하는 것을 믿고 부세(賦稅)를 미루고 내지 않는다. 다른 사람들은 절변(折變)＊을 받았는데 자기만은 절변을 받지 아니하며, 다른 사람들은 과부(科敷)＊＊가 있어도 자기는 과부를 내는 데 복종하지 않고 관청 마당에 버티고 서서 장관(長官)에게 항거한다. 관방(官房)에 점잖게 앉아서 서리를 욕하며 관청 재물을 점거하고 조세를 바치지 않으며, 선하고 약한 사람을 기만하며 무시하고 억지로 일을 결단하며, 누가 공사(公事)를 청탁하면 반드시 굽은 것을 곧다고 한다. 혹 서리와 함께 간특한 행동으로 장관을 견제하여 자기가 하는 일은 들어주게 하여 백성을 잔혹하게 해친다.

무릇 이런 관리와 이런 간악한 백성은 세월이 지난 뒤에는 비록 사람에게 화는 입지 않아도 반드시 하늘로부터 주벌(誅罰)을 받을 것이다.

* 절변(折變) : 보통 지이(支移)와 함께 사용되는데, 지이(支移)는 세물(稅物)을 정해진 장소까지 납세자의 부담으로 운송되는 것을 말한다. 절변은 원래 조세품목을 다른 등가의 물품으로 바꾸어 내게 하는 것이다.
** 과부(科敷) : 조세에 대한 총칭이다.

민속이 순후하다는 것은 마땅히 그 실상을 찾아야 한다

사대부가 서로 만나면 이따금 어느 현의 백성은 순하고 어느 현의 백성은 완악하다고 한다. 이에 그 내용을 물어보니, 그 현에 현임 관이 탐욕스럽고 뇌물을 좋아한다는 소문이 낭자하되 백성이 분노를 참고 말하지 아니하면 순하다고 한다. 그 고을 백성이 그 현관(縣官)의 죄를 기록하여 주군의 상관에게 고소하면 완악하다고 한다. 이 완악하다는 말을 듣는 것이 어찌 억울하지 아니한가?

지금 사람들이 봉화현(奉化縣)* 백성들이 완악하다고 하여 봉화현 사람들에게 물어보았더니 "소송한 현관이 자기가 받은 장물(贓物)을 모두 내놓았는데 어찌 봉화현의 백성들을 완악하다고 하는가"라고 말하니, 황암현(黃岩縣)**의 백성의 말도 그와 같다. 이것은 성인이 말한 "이 백성은 삼대(三代)*** 때에 직도(直道)를 행하던 자"라는 것이니 어찌 완악함이 되리오! 이에 그 완민(頑民)이 되는 조목을 말하노라.

응당 바칠 세부(稅賦)를 바치지 않고, 응당 제공해야 할 과배(科配)****를 제공하지 아니하면 완민(頑民)이요, 만일 관에서 과금(科金)을 늘리고 기만하고 속여, 민호(民戶)가 공납(供納)하지 않으면 완악한 백성이 아니다. 관리의 처사가 매우 공평하고 법에 합당한데도 백성이 제멋대로 분노하여 번복하기를 요구하면 완악한 백성이요, 만일 관리가 뇌물을 받고서 곧은 일을 굽다고 판결하여 억울한 일이 있어서 백성들이 열을 지어 관에 가서 진정, 호소하면 완악한 백성이 아니요, 관원이 청백(淸白)하고 정직하여 자기 소신껏 일을 판결하는데 횡포한 백성이 뇌물을 쓰지도 못하고 모략을 쓸 수가 없자 서리들과 합심하여 말을 조작하고 사실을 은폐하여 함부로 현관을 논박하면 완악한 백성이다. 만일 현관이 서리들과 한통속이 되어 온갖 속임수로 백성을 속이며 뇌물을 받고 관금(官金)을 횡령하므로 백성이 힘을 내어서 대중을 위하여 상부(上府)에 소송을 청구하면 완악한 백성이 아니다.

* 봉화현(奉化縣) : 지금의 절강성 봉화현을 말함.
** 황암현(黃岩縣) : 지금의 절강성. 황암산이 있으므로 황암이라는 명칭이 붙었음.
*** 삼대(三代) : 하(夏), 은(殷), 주(周) 삼대를 말함.
**** 과배(科配) : 도시 거주자에게 부과되는 잡세. 대부분의 경우는 국가가 긴급할 때 임시로 징수하는 비용이나 직역임.

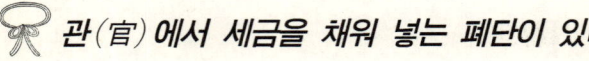 관(官)에서 세금을 채워 넣는 폐단이 있다

현도(縣道)에 비리의 세금을 마음대로 거두거나 관물(官物)을 차용하는 일이 있으면 백성들이 서로 협력하여 열을 지어 송사한다. 대개 양세(兩稅)는 일정한 액수가 있어서 상공(上供)하여 주(州)의 재용과 현(縣)의 재용을 충족시키고, 역전(役錢)도 또한 일정한 액수가 있어서 고전(雇錢)을 지불하는 재용에 충족시킬 수 있다.[解, 發, 支, 雇]

현관(縣官)이 몸을 바르게 하여 아랫사람에게 임하면 백성은 세금을 내지 않는 폐단이 없고 관리들은 공금을 횡령하는 일이 없어 재용이 넉넉하지도 또한 부족하지도 않을 것이다. 만일 현관이 자기 몸을 살피지 않고 먹고, 입고, 부리는 자가 서로 왕래하며 남에게 증여하고 청탁하며 기용(器用)을 제조하며 주머니와 상자에 저축하는 등 온갖 소용되는 재물을 모두 수분(手分)*과 향사(鄕司)**에게 취급하게 한다.

그 수분과 향사라는 사람이 어찌 자기의 재물이 있어서 현관에게 바치겠는가. 장부에서 마음대로 편취(騙取)하며 혹 백성들의 세금을 당겨쓰고 환납(還納)하지 아니하며, 혹 금고에 있는 돈을 가져 쓰며, 혹 (현을) 지나가는 군인과 객(客)들의 권(卷)***을 위조하며, 혹 관가의 방옥(房屋)을 수리한다고 청구하여 쓰며, 혹 상부로 올리는 돈이라 하며 잘라 쓰는 등 온갖 폐단을 다 들 수 있다.

현관은 이미 그들의 뇌물을 먹었으므로 이따금 알면서도 묻지 않는다. 그뿐만 아니라 당연하게 재물의 이해를 알지 못하는 자가 있어 재물의 이해를 잘 아는 사람과 같이 작폐를 저지른다. 그래서 1년 사이에 비록 소읍(小邑)에서 일천민(一千緡)****을 손해보더라도 알아차리지 못한다. 이에 세금을 횡령하고 세금을 앞당겨 거두어 들이는 폐단과 주군의 수까지 줄이다가 장차 임기가 차게 되면 요직에 있는 권력자에게 청탁하여 탈직(脫職)하고 떠나기를 청하면 주군에서 여러 해 쌓인 결여된 금액을 후임에게 억지로 명령하여 보상하게 한다. 전임 현관이 1년의 재부(財賦)로서 1년 지출이 부족한데 후임 현관이 어찌 1년 재부로서 수년 재부를 보상하겠는가! 그러므로 전임에게 미리 금액을 차용하려 하면 승인하여 수리해 주지 않거나 혹 교묘한 술책으로 민간의 재물을 탈취하여 여러 해 적자난 돈을 보상하니 그 화단을 어찌 다 말할 수 있겠는가.

대체로 현관으로서 일에 임하여 자세하지 않아서는 안 되지만 교활한 서리들과 간사한 백성은 더욱 깊이 살펴야 한다. 만일 서리들을 경솔하게 신임하면 백성의 뇌물을 받고 온갖 방법으로 조작하여 굽은 것을 곧다고 하고 독단으로 결정하면 어찌 잘못된 일이 아닌가! 간혹 자제들이 현관이 되어 멍청하고 사리를 알지 못하는 자가 서리들과 함께 탐욕을 같이 하여 옳고 그른 것을 알면서 함부로 일을 처리하는 자가 있어 백성들의 억울한 것을 하소연할 데가 없다. 관리들이 대체로 자손이 없는 것은 이 때문이다.

위에서 나에게 책임을 맡긴 것은 무슨 뜻인가? 백성이 나에게 와서 호소하는 것은 내가 그의 억울함을 풀어주기를 바라는 것이라고 생각한다면, 내가 어찌 마음을 공평하게 쓰지 아니하리오! 무릇 관리가 되어서는 마땅히 마음을 공평하게 써야 하니, 나에게 부끄러움이 없을 뿐만 아니라, 자손에게도 또한 마땅히 이로울 따름이다.

* 수분(手分) : 송대 현(縣)의 이원(吏員)의 명칭.
** 향사(鄕司) : 향서수(鄕書手)라고도 한다. 송대 향촌 행정에서 향사(鄕司)는 현의 말단으로 관할하고 있는 향리와 직접적인 관련이 있다. 현아(縣衙)의 농촌에 대한 행정 전반과 관계가 있었는데, 민정(民政) 중에서도 호적, 징세, 요역 등을 주로 담당하였다.(梅原郁, 〈宋代の鄕司〉,《劉子健博士頌壽紀念宋史硏究論集》, 同朋舍, 1988)
*** 권(卷) : 생권(生卷)과 숙권(熟卷)이 있는데, 생권은 출수(出戌)할 때 가봉(加俸)에 관한 구권(口卷)이고, 숙권은 출수한 곳에서 주둔병의 급여 전미(錢米)에 관한 구권을 말한다. 즉, 생권, 숙권 두 종류의 구권을 매개로 한 전미지급제도이다.(小岩井·弘光,《宋代兵制史の硏究》, 汲古書院, 1998)
**** 일천민(一千緡) : 일민(一緡)이 일천전(一千錢)임.

治家

제 3 편

집안을 다스리는 법

가옥의 방비는 주도면밀한 것이 중요하다

　사람이 사는 가옥은 담이 높고 두텁고 울타리가 주밀하고 창문과 벽과 문이 견고해야 한다. 훼손된 것은 수시로 수리해야 하는데, 하수구 구멍도 항상 마개를 막되 새롭게 갈아주고 견고히 하여 경솔하게 보지 않아야 한다.

　비록 도적이 담을 뚫고 울타리를 부수고 벽을 허물고 문을 따는 것이 잠시 동안이나 무너진 담, 썩은 울타리, 썩은 흑벽, 부서진 문으로 도적의 길을 터주는 것과는 다르다. 방비가 주밀하면 노복이 달아나고, 불초한 자제가 밤에 나다니는 근심이 없다. 만일 밖에서 도적이 침입해 오고 안에서 노복이 도망가고 자제가 사고를 낸다면 비록 관사(官司)에서 다스린다 하더라도 어찌 재산이 낭비되지 않겠는가!

산중에서 살 때는 장전(莊佃)을 가까이 두어야 한다

거처하는 집이 산중 궁벽한 곳에 있으면, 장전*이 가까워야 한다. 그래서 주위 가까운 곳에 장옥(莊屋)을 만들고 장정이 많은 집안의 사람을 불러 거처하게 해야 한다. 혹 화재나 도적의 변고가 있으면 서로 구원할 수 있다.

* 장전(莊佃) : 장원과 전호.

곽충서(郭忠恕)의 〈임왕유망천도〉(臨王維輞川圖)

182

🏺 밤에 도적을 방비하는 데는 경계를 빨리 해야 한다

밤에 개가 짖는다고 도적이 꼭 오는 것은 아니나 도적이 와서 엿보는지도 알 수 없으니 다른 일로 인하여 경계하지 않아서는 안 된다. 또 밤에 무슨 소리가 나면, 쥐가 그렇게 한다고 믿고 경계하지 않아서는 안 된다.

〈갑구반차도〉(閘口盤車圖, 작자미상)

🐚 도적을 예방하려면 마땅히 순찰해야 한다

집 주위에는 길을 내어 왕래할 수 있게 만들고, 밤마다 사람이 십여 차례 순찰하게 해야 한다. 염려가 많은 사람은 성곽에 살면서 집과 집 사이에 공간이 없는데도 통로를 만들어, 순찰자가 그 사이로 다니게 하고, 집안에는 자제와 노복들이 번갈아 순찰하게 한다.

밤에 도적을 쫓을 때는 자세히 살펴야 한다

밤에 도적이 든 것을 알았으면 즉시 도적이 들었다고 말하고 천천히 일어나서 쫓으면 도적은 달아날 것이다. 어두운 밤에 도적을 치지 말 것이니, 도적이 흉기로 나를 해칠까 두렵고, 또 잘못하면 내집 사람을 칠까 두렵다.

만일 촛불로 도적을 보고나서 치면 탈이 없을 것이다. 만일 도적을 잡았으면 마땅히 법으로 다스려야 하고 지나치게 구타하여 상해를 입혀서는 안 된다.

👜 부잣집은 금백(金帛)을 적게 가져 도적을 맞는 일이 없도록 해야 한다

　저축을 많이 하는 집은 도적이 넘보는데, 더욱이 가정에서 사용하는 기물(器物)을 많이 두는 것은 더욱 도적의 탐내는 바이다. 부잣집이 만일 곡식을 많이 저축하고 기물을 조금 두고 금보(金寶)와 금백(錦帛)도 적게 가지고 있으면 비록 도적이 들더라도 많이 잃지 않을 것이다.

　선배들은 그 집에 경계하기를 겨울옷과 여름옷 외에 불우(不虞)의 변을 방비하는 비단이 백 필에 지나지 않는다고 하였으니, 이 또한 지식이 높은 사람의 소견이니, 어찌 세속 사람과 함께 말할 수 있으리오!

🐚 도적을 방비하는 데는 여러 가지 방법이 있어야 한다

　도적이 밤중에 횃불을 밝히고 흉기를 들고 인가에 들어오는 자도 있으니 방비하지 않아서는 안 된다. 미리 마을 근처 길가의 사람들에게 이목(耳目)으로 살펴서 혹 이상한 사람이 있으면 미리 알리라고 부탁하고, 미리 쪽문을 만들어 두었다가 급할 때에 노약자와 부녀들이 쪽문으로 도피하게 한다.

　자제와 노복들은 평소에 항상 무기를 준비하여 도적을 대항할 계획을 하였다가 대적할 만하면 대적하고 대적하지 못할 때는 피해야지, 절대로 도적이 집사람을 잡아가지 못하게 해야 한다. 만일 잡아서 인질을 삼는다면, 이웃 사람과 도적을 체포하는 사람이 가까이 가지 못하게 해야 한다.

🍯 각박한 행동은 도적을 부르는 이유가 된다

　도적은 소인 중에 강한 자이나 또한 식견이 있다. 만일 부잣집이 평소에 인심이 각박하지 않고 은혜 베풀기를 좋아했다면 병화(兵火)를 당해도 도적이 차마 불지르고 노략질하고 모욕하지 않고 집을 보전하는 자가 많다. 도적이 겁탈하며 살육하고자 하는 집은 모두 평소에 악을 쌓은 사람들이니, 부유한 사람은 마땅히 스스로 반성해야 한다.

🪣 물건을 잃고 남을 의심해서는 안 된다

　집에서 만일 물건을 잃었다면 서둘러 찾아야 한다. 서둘러 찾는다면 훔친 사람이 후미진 곳에 물건을 던져버려 다시 찾을 수 있다면 무사할 것이다. 서두르지 않아 그 물건이 옮겨져 밖으로 나가면 더욱 찾지 못하게 된다.

　또 물건을 잃고 함부로 남을 의심해서는 안 된다. 제대로 의심을 했다면 그 사람이 스스로 눈치를 채고는 딴 변고를 낼까 두렵고, 잘못 의심을 했다면 진짜 훔친 사람은 마음속으로 기뻐할 것이다. 또 한 사람을 의심하면 의심받는 사람의 언어나 행동이 모두 절도자같이 보인다. 그러나 실제로 훔친 사람이 아닌데 그 사람이 훔쳤다고 하면서 잡아 책망하다가 그 잃어버렸던 물건이 다른 곳에서 발견되기도 하며, 또 진짜 훔친 사람이 나타나면, 그때에 후회하는 마음이 어떠하겠는가?

이웃집과 화목하게 지내 뜻하지 않은 사고를 방비해야 한다

거주하는 집은 이웃집이 없어서는 안 되는데, 이것은 만일 내 집에 화재가 나면 불을 끌 사람이 없기 때문이다. 집 주위에 시냇물이 없으면 마땅히 못이나 우물을 파야 하니, 화재가 나면 불을 끌 물이 없기 때문이다.

또 평소에 이웃과 친하여 은혜와 의리가 있어야 한다. 한 사대부가 평소에 관의 위세를 부려 이웃을 학대하더니 하루는 어떤 원수진 사람이 쳐들어가 흉기로 그 집 사람들을 찌르고 그 집에 불을 질렀다. 이웃 사람이 그것을 보고 서로 경계하기를 우리가 만일 불을 꺼주면 불이 꺼진 뒤에는 우리의 공은 생각지 않고 도리어 우리를 송사하여 자기 집 재물을 훔쳐갔다고 하면 송사가 그칠 날이 없을 것이다. 만일 불을 꺼주지 않으면 매 백 대에 지나지 않는다 하고 이웃 사람이 매 맞기를 기다리며 그 큰 집이 다 타서 재가 되어 생활 도구가 남지 않고 다 없어지는 것을 바라보고 있었으니, 이것은 그 사대부가 평소에 포학했던 결과이다.

🪨 화재는 부엌의 벽에서 많이 일어난다

　화재는 부엌에서 많이 일어난다. 대체로 부엌의 벽을 오랫동안 쓸어내지 않으면 그을음에 불이 붙기 쉽다. 혹 벽 아궁이 안에 불씨가 남아 있고, 아궁이 앞에 섶나무가 널려 있으면 불이 일어나게 되니, 밤에 마땅히 돌아보아야 한다.

불이 난 송대 도시의 모습

🏺 밤새워 물건을 말리며 불을 묵히는 것을 마땅히 경계해야 한다

　물건을 밤새워 말리다가 화재를 많이 일으키고, 사람들이 방 구석 화덕에 불을 덮어 놓고 옷걸이에 옷을 걸어 화덕 위에 놓았다가 불을 내니, 모름지기 경계해야 한다.

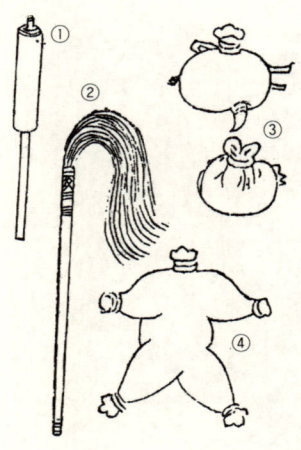

송대의 소방기구 (1)
[① 펌프 ② 마탑(麻搭 ; 긴 장대에 삼을 묶어서 진흙이나
물을 적셔 불을 끄는 기구) ③ 물주머니 ④ 물자루]

🍯 농가에서 불을 낸 이유

누에 농사 짓는 집은 낮고 좁은데, 잠족(蠶簇)을 말릴 때는 불을
조심해야 한다. 농가에서는 대체로 초가집에 퇴비를 쌓으니 혹 불
땐 재를 퇴비에 부었다가 꺼진 불이 다시 살아나는 것을 방비해야
한다.

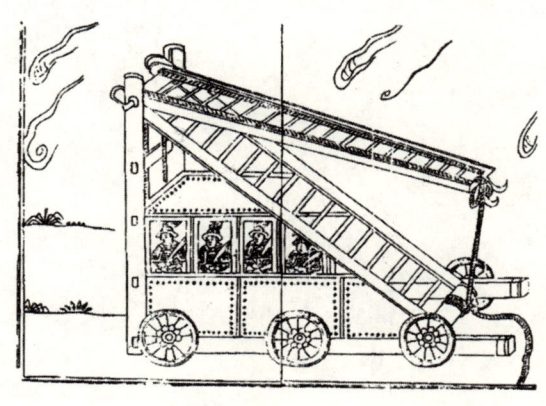

송대의 소방기구 (2)

🍲 불을 내는 것이 한결같지 않다

초가집에서는 불을 항상 방비해야 하고, 큰 바람에 불을 항상 방
비해야 하고, 쌓인 기름과 쌓인 재에 항상 불을 방비해야 한다. 이런
경우가 많으니 모름지기 자세하게 물어 보아야 한다.

사대부가의 안채와 바깥채

어린아이에게 금은 보물을 채워 주지 말아야 한다

　부자로서 어린아이를 사랑하는 사람이 금은주옥(金銀珠玉)과 같은 유로써 아이의 몸을 장식하는 사람이 있다. 욕심이 많은 소인이 외딴 곳에서 그 아이를 죽이고 그 물건을 차지하니, 비록 관에 알려 법으로 처치한들 무슨 소용이 있겠는가?

갓난아이와 죽음의 악령

🏺 어린아이는 혼자 시장거리에 놀지 못하게 해야 한다

    시읍(市邑)의 어린아이는 어른이 데리고 다니지 않으면 혼자 거리의 골목길에서 놀지 못하게 해야 하니, 유인하여 노략하는 자가 있을까 염려해서이다.

어린아이를 목욕시키고 있는 모습

어린아이는 깊은 물을 가까이 하지 못하게 해야 한다

사람이 사는 곳에 우물가와 못가에는 반드시 난간이 있어야 하며, 급류로 흘러가는 시냇가, 험난하고 높은 곳, 기계 장치가 움직이는 곳에는 출입을 금지하여 어린아이가 가까이 가지 못하게 해야 한다. 만일 소홀히 해서 변을 당하고 나서 남을 원망하면 무슨 소용이 있겠는가?

🏺 친한 손님에게 억지로 술을 많이 권해서는 안 된다

　친한 손님이 찾아 왔는데 술을 억지로 많이 권해서는 안 되고, 술에 취하여 누웠거든 사람을 시켜 살펴보도록 해야 한다.

　지난날에 사창(捨蒼)에 한 사람이 손님을 술에 취하게 하고 또 말하지 않고 가버릴까 염려하여 빈방에 자게 하고 문을 잠갔다. 손님이 술에서 깨어나서 목이 말라 물을 찾았으나 얻을 수 없어 꽃병에 든 물을 마셨다. 다음날 주인이 문을 열고 보니 손님이 죽어 있었다. 손님의 집사람이 관아에 송사하니 군수 왕회충(汪懷忠)이 그날 밤 그 방에 있던 물건을 추궁하니 꽃병에 한련화(旱蓮花)를 꽂아 놓았다고 하였다. 군수가 시험삼아 한련화를 꽃병에 꽂고 사형 받을 사람을 불러 시험하니 징험이 되어 전에 술을 먹인 사람이 풀려났다.

　또 한 사람은 물그릇을 책상 위에 놓고 덮지 않았더니 옥상에 있던 뱀이 독수를 물그릇에 흘려 손님이 그 물을 마시고 죽은 일이 있었다. 모든 일에 삼가지 않을 수 없는 것이 이와 같다.

＊ 사창(捨蒼) : 지금 절강성 여수현(麗水縣) 동남에 있음.

198

노복(奴僕)이 간사하고 도적질하는 것을 깊이 방비해야 한다

아침에는 일찍 일어나고 저녁에는 일찍 자게 하면 간통을 막을 수 있다.

일하는 백성의 모습(元代)

🏺 내외의 한계를 엄하게 해야 한다

사마온공(司馬溫公)*이 지은 《거가잡의》(居家雜儀)**에는 남복(男僕)은 긴급히 수리할 일이 있지 않으면 중문(中門)으로 들어오지 못하게 하고, 부녀와 비첩(婢妾)들은 연고가 없으면 중문을 나가지 못하게 한다고 하였다. 다만 심부름하는 아이로 하여금 내외로 (물건을) 전달하게 하니 치가(治家)하는 법에 반이 넘는다.

* 사마온공(司馬溫公) : 이름은 사마광(司馬光, 1019~1086)이고 자(字)는 군실(君實)이며 속수(涑水) 선생이라고도 한다. 왕안석의 신법을 강력하게 반대하였으며, 이후 정계에서 물러나 서경(西京)에 은거하면서 《자치통감》을 저술하였다.
** 《거가잡의》(居家雜儀) : 사마광이 쓴 내용으로 《사마씨서의》(司馬氏書儀)에 들어 있다.

🏺 비첩은 항상 가두어 방비하는 것이 마땅하다

　비첩이 주인과 가까이 지내면 그것을 믿고 노복과 사통한다. 그래서 아들을 낳으면 주인과 동의하여 노복의 아들을 길러서 마침내 가정을 파멸하는 자가 많다. 무릇 비첩은 그 처음을 삼가야 하고, 나중까지 잘 방비하지 않아서는 안 된다.

송대의 여성

비첩은 출입을 삼가야 한다

비첩의 출입을 금하지 아니하여 바깥사람과 사통하여 임신을 했는데도 그 죄를 밝히지 않고 축출 당한 자가 이따금 주인이 죽은 뒤에 그 아들이 '나는 주인의 유복자(遺腹子)'라 하면서 들어오기를 구하고 송사까지 일으키는 사람이 있다. 세속에서는 일을 경계하여 자손의 꺼리낌이 없게 해야 한다.

🏺 비첩은 창녀에게 맡겨서는 안 된다

　어떤 사람이 그의 아내가 투기하므로 비첩을 딴 집에 옮겨 둔 사람이 창녀(娼女)*를 (비첩 옆에) 두어 비첩이 바깥 사람과 왕래를 끊게 한다. 그 방비가 주밀하고 감시를 삼가 하지만, 감시하는 사람이 비첩의 선물을 받고 나서 비첩이 바깥 사람과 서로 왕래하되 주인은 알지 못하고 그 비첩이 낳은 아들을 길러 대를 잇는다. 또 부인이 해산하는 때에 주인이 집에 있지 않으면 자기가 낳은 딸을 버리고 남이 낳은 아들을 데려다 자기 아들을 만든다. 주인은 그 아이가 자기 아들이 아닌 것을 알지 못하고 거두어 키우니 용속(庸俗)하고 어리석은 것이 이와 같다.

늙어서 총애하는 첩을 두는 것은 마땅하지 않다

　부인은 질투가 많아서 정실(正室)이 있는 사람이라면 비첩을 두는
자가 적고, 비첩을 두는 사람 가운데에는 정실이 없는 자가 많다. 비
첩을 둔 사람은 안으로는 자제가 있고, 밖으로는 노복이 있어 모두
관리하고, 또 주모(主母)가 비첩들을 제어해도 오히려 이변이 생기
는데, 여럿이 살피는 사람이 없고 주인 한 사람의 이목으로 비첩을
다스리면 어찌 속임을 받지 아니하리오. 더욱이 늙은 나이에 비첩은
마땅하지 않으니 만일 뜻밖에 일이 생긴다면 어찌할 것인가?

비첩을 삼가 방비하지 않아서는 안 된다

　무릇 비첩을 두는 집은 사람이 들지 않는 궁벽한 방이 있고 밖으로 통하는 쪽문이 있다. 화장실이 주방과 가까운데, 선부(膳夫)*가 음식을 맡아하고 밤에 내실에서 술을 마시는데 노복이 심부름하여 그 사이에서 생기는 폐단은 방비할 수 없다. 이런 무리들의 모략이 깊어도 주인은 알지 못하고, 서로 왕래하여도 주인은 알지 못한다.

　* 선부(膳夫) : 음식을 관리하는 사람.

아름다운 첩을 들여서는 안 된다

　비첩을 두어 노래와 춤을 가르쳐서 술자리에서 술을 따라주고 손님의 즐거움을 얻으나, 용모가 아름답고 지혜가 뛰어난 자는 두지 말 것이다. 사나운 손이 넘보는 마음을 일으킬까 염려해서이다.

　그가 아름다운 여자를 보고 기필코 얻으려 할 것이니 짐승을 쫓을 때에 태산을 보지 못하는 것과 같아서, 얻을 수만 있으면 못하는 행동이 없을 것이다.

　녹주(綠珠)*의 일이 전감(前鑑)이 되고 근세에도 그런 일이 많으나, 지명하여 말하지 않겠다.

　* 녹주(綠珠) : 서진(西晉) 형주자사(荊州刺史) 석숭(石崇)의 애첩.

🪔 도박은 규중에서 행해서는 안 된다

　사대부 집에서 밤에 남녀가 모여 도박하면서 아침에 이르니, 그 사이에 어찌 사고를 빙자하고 일어나는 일이 없으리오. 조용히 생각해 보라.

남송대 사대부가의 정원

남복(男僕 ; 僕厮)은 마땅히 근실하고 질박한 자를 취해야 한다

집에서 부리는 하인[僕]은 마땅히 질박하고 정직하고 삼가고 성실하여 맡은 일에 부지런한 사람을 취할 것이요, 응대하고 진퇴하는 예절이 마음에 흡족하기를 바라서는 안 된다.

그런데 젊은 자제들은 의식이 어디에서 생기는지 알지 못하고, 자기의 학업이 출중하기는 찾지 않고 오직 일꾼의 지혜가 출중한 자를 취하여 재물을 써서 쓸모 없는 사람을 기르려 한다. 이것이 매우 해롭지 않겠으나, 자제들이 일을 저지르고 잘못을 하는 것은 그런 무리들이 자제를 인도하기 때문이다.

🏺 경솔하고 간사한 하인은 두어서는 안 된다

하인[僕]으로서 시정(市井)의 부랑방탕한 소년의 태도가 있어 이상한 모자와 화려한 옷을 입고 언어가 간사하면 집에 두어서는 안 된다. 하인을 집에 둔 지 오래되었는데 갑자기 이러한 모습을 보이는 것은 규중의 일이 의심스럽다.

🏺 노복을 대우하는 데는 마땅히 너그럽고 용서해야 한다

노복은 소인으로 남에게 부림을 받는 자라. 태어난 자품이 아주 어리석어 일을 하는 데 어그러지고 거슬러서 한번도 편리하고 온당하고 힘을 더는 것이 없다. 기물을 정돈할 때는 삐뚤어진 것을 바르다고 하고, 물품을 재단할 때는 긴 것을 짧다고 하는 그런 유가 한두 가지가 아니다. 또 건망증이 많아 일을 맡기면 전혀 기억하지 못한다. 또 고집이 세어 소견이 옳지 못한 데도 스스로 옳다고 한다. 또 성질이 모질고 말을 경솔히 하고 분수를 알지 못한다. 그러므로 주인이 부릴 때에 항상 꾸짖으나 그 행동은 고침이 없고 그 말은 더욱 변명만 하니, 주인이 더욱 불평하여 매를 치다가 실수로 죽게 되는 사람도 있다.

무릇 가장이 된 사람은 하인을 부릴 때에 마음에 맞지 않거든 "소인은 태어난 자품의 어리석음이 이와 같으니, 너그럽게 대하여야 한다."고 생각하여 훈계를 많이 하고 노기를 더는 것이 옳다. 그렇게 하면 하인은 죄를 면할 수 있고 주인은 마음이 편안하여 무사하게 된다.

비첩들은 더욱 어리석고, 부인들은 또 성질이 급하고, 한독하고, 포려하고, 잔인하다. 또 고금의 도리를 알지 못하는 사람이 많아서 그 비첩들을 책망하는 것이 장부(丈夫)와 비할 수 있는 것이 아니다. 가장이 된 사람은 마땅히 평시에 항상 노복을 거느리는 도리를 말해주면, 반드시 깨닫는 것이 있을 것이다.

210

🏺 노복에게는 많은 책임을 맡기지 못한다

집에 있을 때, 모든 작업과 기물정돈으로부터 전원, 창고, 주방, 화장실 등에 이르기까지 모든 일을 스스로 계획을 정한 뒤에 노복에게 일을 맡길지라도 그들이 해놓은 일이 내 마음에 맞지 않을 때가 있다. 어떤 사람은 모든 일은 주인 스스로 계획하지 않고, 모든 대소사를 노복이 제 마음대로 하게 하다가 해놓은 일이 자기 마음에 맞지 않으면 화가 나서 꾸짖으며 매를 때린다. 저 노복은 한낱 어리석은 사람으로 내 명령에 따라 일에만 힘쓸 뿐인데, 어찌 나의 마음에 맞도록 좋은 계획을 생각할 수 있으리오.

이런 일을 알지 못하면 잘못된 일만 생길 것이다. 또 공사(工事)에 인부를 부릴 때에는 한 사람의 일하지 않는 감독을 두어 구별해서 처리하도록 해야 하는데, 이 사람을 '도료장'(都料匠)이라고 한다. 대체로 사람이 한 가지 일을 잡으면 다른 사람의 일을 살필 겨를이 없으니, 일하지 않는 감독을 두어 두루 돌아보아 처리하게 하면 번거롭지 않고 효과는 배가될 것이다.

사나운 비복은 잘 유도해 내보내야 한다

비복이 사나워 도저히 부릴 수 없는 자는 잘 유도해 내보내야지 머물게 해서는 안 되니, 머물게 하면 사고를 낸다. 주인이 혹 비복을 심하게 매질하여 상해를 입히면, 그들이 원한을 품고 말할 수 없는 악을 저지를 것이다. 비복들이 도적질하거나 도망가는 자는 마땅히 관에 보내어 법으로 처리해야지 주인이 직접 매질해서는 안 되니, 혹 뜻밖의 일이 생길까 염려해서이다. 만일 본심으로 도망친 것이 아니고, 도적질한 것이 음식 같은 자그마한 것에 그친다면 마땅히 그들이 평소에 노력한 것을 생각하여 대략 징계하고 그대로 머물게 하여 부리는 것은 괜찮다.

🏺 비복을 직접 매질해서는 안 된다

비복에게 작은 허물이 있더라도, 직접 매를 쳐서는 안 된다. 노기가 격동하면 매의 수도 기억하지 못하고 한갓 힘만 허비할 뿐 노복은 두려워하지도 않는다. 오직 서서히 책망하면서 묻고, 다른 사람을 시켜 매를 치면서 허물의 경중을 보아 매의 수를 정해야 한다. 비록 심하게 화내지 않아도 자연히 위엄이 있고 비복들도 두려워할 것이다.

수창(壽昌)* 호씨(胡氏)는 훌륭한 가문이라, 자제들이 친히 노예를 때리지 않고, 부녀들도 친히 비첩을 때리지 않는다. 가장에게 알리고, 가장이 다른 사람을 시켜 때리게 하고, 자제들이 비첩을 때리면 대신 자제를 문책하니, 이것은 현인(賢人)의 가법(家法)이다.

* 수창(壽昌) : 절강성의 수창현을 말함. 1958년에 건덕현(建德縣)에 합병되었다.

🏺 때에 따라 비복을 가르치고 다스려야 한다

비복에게 허물이 있어, 매를 친 뒤에 불러서 부릴 때에 주인의 말과 안색이 평상시와 같으면 일이 없다. 대개 소인이 매를 맞고 나서 원망을 품고 있는 때에, 주인이 노기를 풀지 않고 있으면, 하인이 경솔하게 자살할까 두렵다.

삼베의 실가닥을 꼬아 잇는 여성

🏺 비복들이 횡역(橫逆)을 당하면 마땅히 자세하게 살펴 처리해야 한다

비복이 이유 없이 목을 맨 경우, 만일 그 몸에 온기가 있으면 구할 수 있는데, 목맨 것을 풀어서는 안 된다. 빨리 그 몸뚱이를 안아 위로 올리면 목맨 곳이 조금 헐거워질 것이다. 다시 한 사람이 손가락으로 맨 곳을 풀어 숨기운이 통할 것 같으면 풀어 내린다. 급히 사람을 시켜 그의 콧구멍을 빨아서 기운이 통하게 하면 소생하게 할 수 있다. 만일 이런 것을 모르고 먼저 목맨 곳을 풀려 하면, 처진 몸은 무겁고, 맨 곳은 더욱 죄어서 마지막 숨 한 번 내뿜으면 다시 구하지 못하게 되니 이것을 미리 알아야 한다.

만일 시체가 차가우면 구하지 못하고, 또 구해도 깨어나지 않으면 마땅히 그곳에 그대로 두어야지 옮겨서는 안 된다. 이웃 사람을 불러 모으고, 일을 관가에 알려야 한다. 장정으로 하여금 주야로 지키게 할 것이니 혹 개나 쥐가 시체를 해칠까 염려해서이다. 칼로 자살하려다 죽지 않은 사람은 그 상처를 덮어 가리고, 만일 죽었으면 위에서 말한 것처럼 해야 한다.

인가나 들에 우물이 있으면, 우물 속에 벽돌을 올려 쌓을 때에 중간중간 한 개씩 빼내어 구멍을 만들어 사람이 그 구멍을 밟고 오르내리도록 해야 한다. 혹 우물에 떨어진 자가 있으면 사람을 시켜 구하게 하고, 만일 구하지 못하였으면 또 앞에서 말한 것과 같이 해야 한다. 사람이 물에 빠졌거나 자살했는데 물이 깊어 구할 수 없는 사람은 마땅히 장대나 목판 등 물에 뜨는 물건을 던져주어 빠진 자가 그것을 잡아 몸이 물에 뜨면 구할 수 있다. 구하지 못하면 또한 앞에서 말한 것과 같이 해야 한다.

　밤에 자다가 가위에 눌려 죽거나 또는 갑자기 죽은 자도 옮기지 말고 앞에서 말한 것과 같이 해야 한다.

개봉의 시장거리(세부그림, 〈淸明上河圖〉에서)

🎁 노복이 병이 들면 앞일을 미리 방비해야 한다

　친척이 없는 노복이 병이 들었으면 이웃집에 보내어 치료하게 하
고, 이웃 사람을 보증인으로 불러 병자의 말을 기록하여 관가에 보
내면 비복이 사망하더라도 다른 염려가 없을 것이다.

명주실을 감아내는 여성

비복은 마땅히 배부르고 따뜻하게 거두어야 한다

　비복들이 힘써 일하는 것은 춥고 배고픔을 면하려는 것이다. 가장
은 그것을 유의하여 옷은 따뜻하게 입히고, 음식은 배부르게 먹여야
한다. 사대부가 말하기를, 비녀(婢女)를 두는 데 많은 것을 싫어하지
말라, 길쌈을 가르치면 자기 옷을 입을 것이고, 남복(男僕)을 두는
데 많은 것을 싫어하지 말라, 농사를 가르치면 자기 배를 채울 것이
라고 하였다.
　대체로 소민(小民)들이 힘은 의식(衣食)을 장만할 수 있으나, 그
힘을 쓸 곳이 없으면 스스로 살 수가 없다. 그러므로 남에게 가서
일하기를 구하니, 부자가 능히 측은한 마음을 미루어 비복을 길러
그들의 힘으로 그들의 몸을 양육하게 하니, 그 덕이 매우 크다. 그들
이 이미 배부르고 따뜻한 것을 얻었으면, 비록 괴로운 일을 시켜도
달갑게 여길 것이다.

218

🪔 온갖 물건들이 마땅히 각기 제 처소를 얻어야 한다

 비복들이 잠자는 곳도 모두 점검하여, 겨울에 추운 근심이 없게 하고, 소, 말, 돼지, 양, 고양이, 개, 닭, 오리의 무리도 겨울을 만나면 모두 서식할 곳을 만들어 주어야 한다. 이것이 모두 어진 사람의 마음 씀씀이로 물아(物我)가 일체가 되는 것을 볼 수 있다.

북송대에 농사짓는 모습

🫙 사람과 금수의 천성은 모두 사는 것을 욕심낸다

　금수와 사람이 형체와 천성은 비록 달라도 사는 것을 탐하고 죽는 것을 두려워하는 것은 같다. 그러므로 짐승이 제 무리를 떠나면 사람을 향하여 슬피 울고, 도살장에서는 사람을 향하여 슬피 부르짖는다. 그러나 사람은 잔인하게 돌아보지 않고, 도리어 우는 것을 성내는 사람이 있으니, 어찌 자기 몸에 돌이켜 생각하지 않는가.

　짐승이 사람에게 바라는 것은 사람이 하늘에 바라는 것과 같다. 짐승이 슬피 울면서 사람에게 호소하는데, 사람이 불쌍히 여기지 않으면서, 사람이 환난, 사망, 곤궁에 처하여 하늘을 우러러 부르짖으며 구원을 바라는가!

　대체로 사람이 병이 있어 능히 지탱할 수 없을 때나 감옥에 갇혀 능히 벗어나지 못할 때에, 자기가 평소에 지난 일을 반복 생각하여 어느 일은 나쁜 행동이었고, 어느 일은 옳지 못했다고 생각한다. 그래서 하늘과 해를 대하여 개과천선(改過遷善)하기를 맹세한다. 병이 없어지고 죄를 벗어나서는 다시 살피지 않고 죄악 짓기를 이전과 다름없이 한다. 나의 이 말을 환란을 경험한 사람에게 말하면 옳게 여겨 지나간 일을 잊어버릴까 두려워할 것이고, 저 환란을 알지 못하는 자는 나의 말을 우활하다고 할 것이다.

🏺 유모를 구하여 아이를 젖먹이면 모자 사이에 은정을 잃게 한다

자식을 낳아 친모가 젖먹이지 않고 다른 사람이 젖먹이는 것은 선배들이 이미 그 그른 것을 말하였다. 그 중에 자식을 출산하기도 전에 미리 유모를 구하여 자기 자식은 낳지 말고 내 자식을 젖먹이라고 한다. 또 자기 자식을 젖먹이지 말고 내 자식을 젖먹이라고 하여 자기 자식이 고고히 울다가 굶어 죽는 자도 있다.

또 다른 지방에 가서 벼슬하는 자가 아가(牙家)*를 핍박하여 양인(良人)의 아내를 유인하여 남편과 자식을 버리고 자기 자식을 젖먹이게 데리고 가서 한 집안이 이산하여 생전에 서로 만나지 못하는 자도 있다. 사대부들은 그런 것을 비호하고 국가의 금령으로 막지 못하나 그들은 홀로 하늘도 두렵지 않은가!

* 아가(牙家) : 아인(牙人)을 말한다. 상거래의 중개에서 사는 사람과 파는 사람을 결합하여 상담(商談)을 맡아서 하는 중개업자. 중간인(中間人)이라고도 한다.

⬛ 고용하는 여자가 나이 차면 마땅히 돌려보내야 한다

　남의 아내로 비녀(婢女)를 삼았다가 나이가 차면 그 남편에게 돌려보내고, 남의 딸로 비녀를 삼았다가 나이 차면 그 부모에게 돌려보내고, 타향 사람으로 비녀를 삼았다가 나이 차면 고향으로 돌려보낸다.

　이 풍속은 가장 후한 데 가까우니 절동(浙東)의 사대부들이 많이 행한다. 남편에게 돌려보내지 않고 다른 사람에게 시집보내며, 부모에게 돌려보내지 않고 타인에게 시집보내는 것은 모두 소송을 일으키는 단서이다. 하물며 그 친척을 떠나고 고향을 버리고 종신토록 부리며 남편도 없고 자식도 없이 죽어서도 의지할 곳이 없는 귀신이 되면 어찌 아주 가련하지 않겠는가!

222

비녀(婢女)와 노복(奴僕)은 본토인이 가장 좋다

　　노복과 비녀는 오직 본토인이 가장 좋다. 혹 병이 있으면 그 친속에게 부탁하여 조리하게 하고, 혹 이유 없이 자살하였으면 그의 친속들이 연유의 공사(公私)를 밝혀 또 대질증명도 된다. 혹 비첩이 의지할 수 있는 부자, 형제가 없고, 노복이 돌아갈 집이 없는데 그들의 노고를 생각해서 주인이 부양하지 않을 수 없는 사람은 이웃사람이 보증인이 되고 본인이 스스로 노복이나 비녀가 되겠다는 말을 진술하여 관에 알린다. 혹 미리 본토 사람과 배필을 정하여 비녀(婢女)를 시집보내고 노복을 장가들이면 모두 훗날에 의외의 근심을 없앨 수 있다.

☗ 노복과 비녀를 사는 데는 아보(牙保)가 분명해야 한다

노복과 비녀를 사는 데는 소개인이 분명해야 된다. 아보(牙保 ; 소개인)는 내집 사람으로 해서는 안 된다.

 * 아보(牙保) : 앞에서 나온 아인(牙人)과 같음.

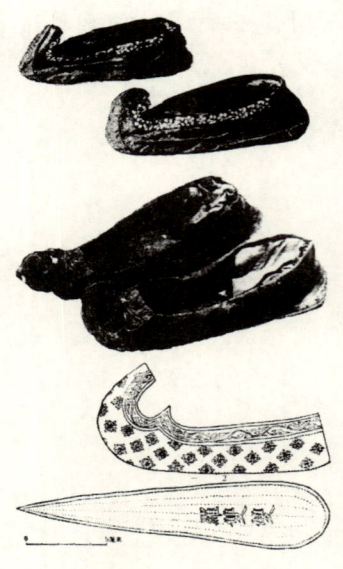

전족한 발에 신었던 신발

224

🏺 비첩을 사는 데는 마땅히 내력을 물어보아야 한다

　비첩을 사서 이미 계약이 이루어진 뒤에는, 그 내력을 자세히 물어 보아야 한다. 혹 양인의 자녀가 타인에게 유괴되었는가 해서이다. 만일 유괴되었다면 즉시 관에 알리고, 비첩을 데리고 온 사람에게 돌려 보내서는 안 되니, 혹 그 성명(性命)을 해칠까 염려해서이다.

전족을 한 여배우

🏺 비첩을 사는 데는 마땅히 옳고 그름을 살펴야 한다

비첩을 사려면 먼저 접수되었는지의 여부를 물어보아야 한다. 만일 접수되지 않았으면 계약할 수 없다. 혹 비첩 될 사람이 과연 궁핍하여 의지할 데 없는 사람이면 비첩 자신이 관에 가서 자기의 사정을 진술하고 보증인을 세워 자세히 심사한 뒤에 계약을 성립시킨다. 혹 비첩이 스스로 관에 가서 진술하지 못하면 비첩을 데리고 온 사람으로 하여금 계약서를 쓰고 "고용금을 일부 주었다가 비첩의 친한 사람이 와서 인증한 뒤에 고용금을 다 주어야 한다"고 말하였다.

전당포의 모습

🪶 교활하고 간사한 자제는 쓰지 못한다

  친척과 이웃에 교활하고 간사한 자제가 힘을 믿고 남을 능멸하여
저 사람에게 손해를 입히고 이 사람을 유익하게 하는데, 부자가 대
체로 이런 사람을 써서 손톱과 어금니를 삼아 목전의 이득을 얻는
다. 이런 무리들은 속은 간교하나 겉으로는 항상 유순하여 부잣집의
자제를 책망도 하고 희롱도 하여 항상 용인해 주고, 이들도 또한 그
를 아껴준다. 훗날 부자 주인이 죽은 뒤에, 그 자제를 유인하여 비행
을 저지르게 하는 사람은 모두 이런 무리들이다.

  대체로 가장은 수단이 노련하고 지략이 있으면 이런 무리를 잘
거느리기 때문에 그들의 힘을 얻는다. 그 자제에 이르러, 현명함이
그 부형과 같으면 염려할 것이 없다. 보통 정도의 사람은 그들에게
고혹(鼓惑)되어 패가하지 않는 사람이 없다. 당사(唐史)에 "요망한
새와 간사한 여우는 낮에 자유롭게 자다가 밤이면 방자하게 미친 짓
을 한다"고 하였으니, 이런 무리를 두고 말하는 것이다.

  만일 평상시에 순후(淳厚)하고 강정(剛正)한 사람을 맞아들였으면
그 사람의 말이 비록 마음에 거슬리더라도 자제들이 오래 같이 처해
있으면 주인이 죽은 뒤에라도 유익함이 있을 것이다. 이른바 "마음
에 흔쾌한 일은 항상 손해가 되고, 마음에 거슬리는 일은 항상 유익
이 있다"는 것이다. 모든 일이 다 그러하니 마땅히 넓게 생각해야
한다.

🏺 순후하고 근신한 간인(幹人)은 일을 부탁할 수 있다

간인(幹人)*으로서 창고를 관리하는 사람은 항상 장부를 삼가 기록하여 현존물을 자세히 살핀다. 곡물을 관리하는 사람도 항상 장부를 삼가 기록하여 자물쇠를 조심하고, 근신한 사람을 가려 취하여 창고를 지키게 한다. 간인이 재물을 빌려서 물건을 판매하는 자가 있으면 모름지기 그 사람이 순후하고 가업을 아낄 줄 아는 사람이라야 부탁할 수 있다. 대체로 중산층의 집은 날마다 쓰는 비용도 지탱하기 어려운데, 하물며 남에게 고용 받는 자로서 의식의 계책이 어찌 족할 수 있겠는가! 중등 사람도 욕심나는 물건을 보면 마음이 어지러워지는데, 하물며 하등의 어리석은 사람이 주식과 성색(聲色)의 아름다운 것을 보면 어찌 마음이 움직이지 아니하리오! 지난날에는 재물이 뜻에 차지 못했으므로 집에서는 가인(家人)과 함께 춥고 배고픔을 같이했고, 밖에 나가서는 좋은 물건을 보고도 보지 않은 채하였다. 지금 부잣집에 관리인이 되어서 욕심나는 물건이 눈앞에 가득한데 만일 날마다 전과 같이 마음을 엄하게 삼가면, 욕심이 잠시 가라앉을 것이다.

그러나 주인의 처사가 너그러우면 무엇을 꺼려하지 아니하리오? 처음에는 주인의 재물을 이용하기를 아주 적게 하여 갚을 수 있다고 하여 별로 염려하지 않는다. 오래 지나도록 주인이 알지 못하면 날마다 이용하고 달마다 이용하여 쌓여서 1년에 이르면, 이용한 재물이 너무나 많아 그때는 마음이 비록 두려우나 어찌할 수 없어 숨긴다. 2년, 3년을 지나다가 사기, 편취한 허물이 크게 폭로되어 덮어둘 수 없게 된다. 그때 주인이 죄를 다스리려 하나 후회막급이다. 그러므로 간인에게 위탁할 때는 이런 일을 경계해야 한다.

* 간인(幹人) : 주현의 형세 관호(官戶) 및 호우(豪右)의 집에서는 폐해진 서리를 간인으로 삼아 광대한 전토를 관리하게 하였다. 간인 중에는 자기의 전산을 소유한 사람도 있었기 때문에 또 이것을 관리하는 간인을 둔 사람도 있었다.(周藤吉之,《中國土地制度史研究》, 東京大學出版會, 1965)

전객(佃客)을 힘써 구휼해야 한다

　국가에서 농사를 중하게 여기는 것은 의식의 근원이 여기에 있기 때문이다. 그러나 인가(人家)에서 밭 갈고 심는 것이 전인(佃人)*의 힘으로 되는 것이니 전인을 중하게 생각지 않을 수 없다. 그가 자녀를 생육하며, 자식을 결혼시키고, 집을 지으며, 사망한 사람을 장례 치르는 데 후하게 대주어야 한다. 밭을 갈고 김을 맬 때에, 돈이나 곡식을 대출해 주거든 이자를 적게 받으며, 수재와 한재가 있는 해에는 그 재해 입은 것을 살펴서 일찍이 조세를 줄여 주어야 한다. 비리의 수요를 청하지 말고, 때아닌 부역을 시키지 말아야 한다. 자제와 간인이 사사로이 무리를 짓게 하지 말아야 한다. 소작인과 원한이 있는 사람의 말을 듣고 해마다 거둬 들이는 조세를 늘리지 말며 강제로 전곡을 대여하여 이자를 많이 받아서도 안 된다. 그가 자력으로 전원을 둔 것을 보고, 탐하여 빼앗지 말아야 한다. 그들을 돌보고 사랑하기를 친형제간과 같이 하면 나의 의식의 근원이 모두 그 사람의 힘을 도움 받아 천지에 부끄러움이 없을 것이다.

　＊ 전인(佃人) : 보통 전호(佃戶)라고 한다. 지주의 토지를 경작하고 조과(租課)를 내는 농민이다. 전호도 다양한 계층이 있다. 지객(地客)과 같이 복(僕)과 같거나 이것에 가까운 사람, 객호(客戶)와 같이 타향에서 옮겨온 사람, 화전(火田)을 소작하는 사람, 전지(田地)를 가지고 있으면서 다른 사람의 전지나 관전(官田)을 소작하고 있는 사람 등등이 있다. 송대의 장원에는 전호 외에도 전복(佃僕), 노예, 고용인 등이 있다.(周藤吉之, 앞의 책)

🏺 전복(佃僕)에게 사사로이 물건을 빌려주지 말아야 한다

전복(佃僕)[*]의 부녀들이 어떤 인가의 부녀와 어린아이에게 찾아가서 가장에게 알리지 말라고 하고 이 집 전곡을 꾸어서 다른 사람에게 비싼 이자를 받아 생활하려 하고 또 남이 저당잡힌 물건을 빌려 급히 쓰려 하니 이것은 모두 남의 물건을 가지고 도피하려는 것으로, 갚을 생각이 없다. 부녀와 어린아이들은 가장에게 알리지 말라고 해서 감히 찾아 받지 못하고 마침내 속고 만다. 가장 된 사람은 마땅히 항상 이런 말로 집안 사람들에게 깨달아 알게 해야 한다.

[*] 전복(佃僕) : 전복은 원래 노복(奴僕)이었지만, 주가(主家)에서 독립하여 생활하고 있고, 노복 중에는 지객(地客)도 있으므로, 전복은 노복과 전호의 중간이라고 볼 수 있다.(周藤吉之, 앞의 책)

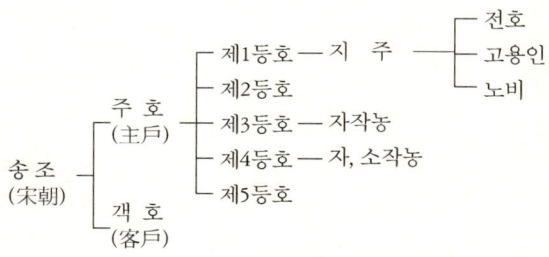

(※ 위의 표는 柳田節子, 《宋元鄕村制の硏究》, 創文社, 1986을 참고하였다.)

🫗 바깥 사람은 마땅히 집에 들이지 말아야 한다

　보살할미, 도사할미, 중매할미, 소개할미* 및 부인이 물건을 매매
하고, 침놓고 뜸뜨는 사람은 집에 들어오지 못하게 해야 한다. 무릇
부녀들의 재물을 빼앗고 부녀를 유인하여 불미스러운 일을 하는 사
람은 모두 이런 무리들이다.

　* 소개할미 : 매매를 소개하는 것을 직업으로 삼는 부녀.

전답에 관개하는 저수지는 마땅히 수리해야 한다

　저수지에 물을 비축하여 전답에 관개하는 사람은 모름지기 매년 겨울에 물이 마를 때에 깊이 파고 견고하게 쌓아 두어야 한다. 다음 해 여름에 가물 때를 당하면 비록 풍년은 아니더라도 흉년에는 이르지 않을 것이다. 지금 사람들은 이따금 여름에 가물 때에는 못을 수리하다가, 가을에 추수할 때에 이르러서는 잊어버린다. 속담에 "3월에 뽕나무 심기를 생각하고 6월에 못 수리하기를 생각한다"고 하니, 대개 사람들의 장원한 염려가 없음이 이와 같음을 안타까워한 것이다.

저수지를 수리하면 그 이익이 많다

　저수지는 여러 사람들이 그 관개의 이익을 많이 받는다. 전답이 많은 집은 마땅히 서로 인솔하여 전주(田主)는 음식을 제공하고, 전인(佃人)은 인력을 동원하여 겨울에 못둑과 강둑을 쌓아 물을 많이 비축하고, 봄, 여름에 물을 쓸 때에는 원근(遠近)과 고하(高下)에 물을 고루 나누어 서로 이익을 얻으면 그 이익이 어찌 많지 않겠는가!

　지금 사람들은 못둑과 강둑을 쌓을 때는 음식과 인력을 아끼다가, 물을 쓸 때에는 팔뚝을 뽐내며 서로 다투어 호미와 몽둥이로 서로 때려서 죽음에 이르며, 죽지 않더라도 옥에 가두며 형벌을 받으니 어찌 슬프지 아니한가! 이러한 지경에 이르는 것은 모두 전주(田主)들이 너무 인색한 죄과이다.

뽕나무는 때를 따라 심어야 한다

　뽕나무, 과실, 대나무, 나무 등의 종류를 봄철에 심는 것은 어려운 일이 아니다. 10년과 20년 사이에 곧 이익을 얻을 것이다. 지금 사람들은 거칠고 쓸모 없는 땅에서 자란 나무들은 그대로 방치하면서 형제가 산림을 나눌 때는 한 그루의 작은 나무를 가지고 서로 다투어 환심을 잃는다. 이웃의 가까운 산에 대나무 한 그루가 두 경계 사이에 있으면 송사를 일으켜 세월을 보낸다. 만일 지난날에 하늘이 대나무를 여기에 내지 않았다면 무엇을 가지고 다툴 것인가? 만일 그 송사하는 비용으로 품을 사서 나무를 심었으면 10, 20년 사이에 "재목을 다 쓰지도 못할 것이다." 어떤 사람은 자기의 과실과 나무가 이웃집에 가까워 이웃 아이들이 따먹는다고 하여 그 나무를 베어버리는 자가 있으니 더욱 소견이 없는 자이다.

🪨 이웃 사이에는 화합하고 같은 마음을 갖는 것이 중요하다

　집에 어린아이가 있으면 항상 경계하여 이웃집의 과실나무 등을 꺾지 말게 해야 한다. 소, 양을 기를 때에 항상 간수하여 이웃의 전지에 육종(六種)의 곡식*을 밟지 말게 해야 한다. 닭과 오리를 기르거든 항상 보살펴 이웃의 여섯 종류의 채소를 뜯어 먹지 못하게 해야 한다. 산업이 있는 집은 서로 부지런히 하고 삼가며 분묘가 있는 산림은 묘목이 울창하게 하며 집에 담장을 높게 하여 사람이 넘지 못하게 해야 한다. 원포(園圃)에 여섯 종류의 채소와 각 계절의 과실을 심은 곳에 울타리를 잘 단속하여 사람이 왕래하지 못하게 하면 수시로 남을 책망하는 지경에 이르지 않을 것이다.

* 육종(六種)의 곡식 : 도(稻), 량(粱), 숙(菽), 맥(麥), 서(黍), 직(稷)을 말함.

236

🏛 전원의 경계는 마땅히 분명하게 해야 한다

전원과 산지가 있는 사람은 경계를 분명히 지켜야 한다. 분가해서 토지를 나누는 처음과, 땅을 사고 토지를 전당(典當) 잡힐 때에 더욱 자세하게 해야 한다. 사람이 다투고 송사하는 것이 대체로 여기에서 시작된다. 또 전답이 지세가 고르지 못하기 때문에 하나의 언덕을 나누어 두 개로 만든다. 편리함을 따라 두 언덕을 합하여 하나의 언덕으로 만들고 집터와 산으로써 밭을 만들고 밭으로써 집터와 동산을 만든다. 가로수, 길, 도랑을 고쳐 옮기는 사람도 있다. 관에 경계(經界)의 도적(圖籍)이 있으나 훼손되어 볼 수 없는 것이 많다. 하물며 경계를 변경하는 사람이 관사(官司)와 이웃 주민의 보증을 거치지 않았으니 어찌 소송을 일으킬 수 있겠는가! 사람의 땅이 맨 위에 있는 자가 항상 밭두렁을 수리하여 무너지지 않게 하고, 집터와 원지(園地)에 담장을 쌓아 훼손되면 즉시 수리하며, 산림에도 도랑을 파서 경계를 만들고 수시로 수리하면 무슨 소송이 있겠는가! 오직 경솔한 사람은 밭두렁이 무너져도 즉시 수리하지 않고 집과 동산에는 그저 울타리만 쳤다가 오랜 뒤에 울타리가 썩으면 남의 땅을 침점(侵占)하고, 산림에는 물길로 경계를 나누면 변명할 수 있지만 경계 사이에 나무나 돌이나 구덩이로 경계를 삼았다가 세월이 지나면 그 표시도 없어지고, 구덩이로 경계를 삼은 것은 경계 밖에 또 구덩이 하나가 있어 판결하지 못하는 송사가 된다. 분가한 재산은 구서(鬮書)* 뿐이고 전매(典賣)에서 산 것은 다만 계약서뿐이다. 혹 경솔한 사람은 기록이 분명하지 않으면 공사(公私)간에 능히 판결하지 못하니 어찌 경계하지 않겠는가! 간혹 산지(山地)를 전매(典買)하고 그 경계가 분명하지 않은 것을 다행으로 여겨, 처음에 계약서를 쓴 사람으로 하여금 분명히 말하지 말게 하고 차지하니, 이것은 소인의 마음 씀씀이다. 명철한 관사(官司)를 만나면 그 죄를 바로 잡을 수 있다.

* 구서(鬮書) : 가산을 분할하는 것을 구분(鬮分 ; 가산 분할의 하나의 형식, 추첨에 의해 분할을 확정함)이라고 하고 분단(分單)을 구서(鬮書)라고 한다.(滋賀秀三, 앞의 책)

238

재산을 분석한 구서(鬮書)는 마땅히 자세하게 갖추어야 한다

　　재산을 분배받은 집들이 구서(鬮書)를 만들어 두는데, 그 중에 자기가 분배받은 토지만 기록한 자가 있고 자기가 분배받은 토지에 인접한 다른 사람의 분배받은 토지도 참고로 기록한 것이 있다. 자기가 분배받은 것만 기록한 것은 그 내용이 치우쳐서 남에게 드러내려 하지 않으므로 항상 소송이 많다. 다른 사람의 분배도 함께 기록한 것은 땅이 많고 적고, 기름지고 척박한 것을 다 알 수 있어 관에서나 사가(私家)에서나 판별하기 쉽다. 이 밖에, 혹 여러 사람에게 공로를 베푼 일이 있어 대중이 필요 없는 땅을 준 것도 있다. 혹 분배받은 땅이 유독 박하여 여러 사람들이 필요 없어 준 땅도 있다. 혹 아내의 재산으로 인하여 얻었거나 벼슬로 인하여 얻은 것으로 내력이 분명하다. 혹 사업을 운영하다가 얻은 것으로 사람들이 나누어 받기를 바라지 않는 것이니 이것은 첨서를 나누어 준 뒤에 별도로 기록하여 그대로 약정(約定)하고, 그 기록한 숫자에 들어가지 않는 것은 (鬮書에서) 빠진 것이다. 이것은 비록 분배한 뒤에라도 분배받을 사람이 따로 나누어 주기를 구할 수 있다. 그러나 이것은 숨긴다는 폐단을 두절시킬 수 있으며 여러 해를 끌며 송사를 판결하지 못하는 데는 이르지 않을 것이다.

재산을 남에게 맡기고 신역(身役)을 피하면 후환이 많다

자기의 신역을 기피하려는 자가 비록 분배받은 토지를 구서(圖書)
에 기록해 놓았다 해도 다른 한 사람에게 자기의 신역을 대신하게
하고, 그 외에는 물력(物力)*이 적어서 대신할 것이 없었다. 그 뒤에
복역한 자의 자손이 계약서를 가지고 토지를 차지하려는 자가 드디
어 관에 소송을 하였다. 관에서는 사실을 밝히려 하는데 문서가 맞
지 않고, 문서를 밝히려 하니 사실이 맞지 않는다. 이러한 일은 모
두 어리석은 사람들이 처음부터 장원한 식견이 없이 목전에서 법을
어겨 소송이 죽은 후에까지 미치게 하니 이것을 귀감으로 삼아야
한다.

 * 물력(物力) : 물력에는 두 가지 종류가 있는데, 전무(田畝)에 의한 것은 전
   무물력이라고 하고, 기타의 것은 부재물력(浮財物力)이라고 한다.(曾我部靜
   雄,《宋代財政史》, 株式會社大安, 1966)

🏺 다른 사람의 호적에 붙어 신역(身役)을 피하면 후환이 많다

　사람이 자기의 재산을 이미 분배받고 차역(差役)*을 피하기 위하여 동종(同宗)으로 관에 있는 사람에게 붙어 하나의 호적(戶籍)이 된 사람은 뒷날에 소송의 단서가 된다.

　* 차역(差役) : 직역(職役)을 말한다.

호적을 분석하였으면 마땅히 구서(鬮書)에 일찍이 조인해야 한다

　현도(縣道)의 관원들이 돈을 탐하여 재산을 분할한 집안에서 구서(鬮書)에 조인하러 온 사람이 있으면 비용을 비싸게 받는다. 그러므로 분석(分析)하는 사람들이 돈을 내는 것을 꺼려 모두 숨겨 조인하지 않고 사사로이 분할한다. 분할한 가문들이 여러 해를 지난 뒤에 빈부가 같지 않고, 은의(恩義)가 성글어져서 소송하게 된다. 관에 가서 이미 분할한 구서를 잃어버렸다고 하거나 또 분석한 토지를 다 받지 못하여 구서를 얻지 못하였다고 한다. 관문서를 따르면 실정에 어그러지고, 실정을 따르면 문서에 어긋난다. 그래서 오래도록 판결하지 못하는 근심이 있으니, 무릇 분할하는 집은 마땅히 일찍이 구서에 조인하여 후환을 막아야 한다.

242

🪙 전산(田産)은 빨리 계약서에 조인하고 토지를 분할해야 한다

사람들이 토지를 사고 파는데, 마땅히 먼저 아가(牙家)에 의거하여 구서(鬮書)와 첨기(砧其)를 가져다가 구단(丘段)과 번호를 뽑아 현 전인(佃人)에게 경계에 인접한 다른 사람의 토지와 저당 잡혔던 횟수를 물어본다. 다음은 현 토지 주인의 친척으로 분배받을 사람이 밖에 나갔다가 돌아오지 않았는지, 또 분배받지 못한 어린아이가 있는지, 또 부친이 분배해 주지 않고 버려 둔 아이가 있는지 묻고, 또 반드시 주어야 할 것인데 어린아이가 받지 않아서 버려둔 땅인가를 물어보아야 한다. 만일 여러 번 저당잡혔던 것이라면 반드시 제일 먼저 계약한 사람에게 관에 가서 조인을 받지 않았는지 물어보아 모든 것이 꺼리낌이 없어야 계약이 성립된다.

만일 토지를 파는 사람이 과부나 유아면 계약서를 쓰는 사람은 다른 사람을 시켜 글 쓰는 것을 보게 하고, 토지의 가격과 연월일과 토지 사면의 인접한 토지도 써야 한다. 남의 부채를 상환할 돈은 쓰지 말고 반드시 현금으로 지불하고 돈 주는 장소를 정하고 돈을 가지고 갈 사람의 성명을 밝혀야 한다.

이미 계약을 한 뒤에는 반드시 날인해야 하니, 이것은 토지 매매를 나중에 하고, 도장을 먼저 찍을까 염려해서이다. 이미 계약서에 날인한 뒤에는 토지를 판 사람이 해당 토지사업에서 떠나야 하니, 이것은 토지를 판 뒤에도 해당 토지에 여전히 관여할까 염려해서이다. 이미 토지사업을 떠났으면 해당 토지의 세를 포기해야 하니, 이

것은 세를 포기하지 않고 있으면 사람에게 고발당하여 구속을 받을
것이다.

  관의 법령에는 오직 매매하는 일에 대해서 가장 상세하니 대체로
소송을 일으키는 단서를 막으려는 것이다. 그런데도 사람들은 자세
히 알지 못하여 법을 어기고 매매함에 계약서에 날인하지 않고, 토
지를 떠나지 않고, 세를 나누지 아니하여 토지를 이중으로 매매하며
해를 끌어가며 송사하니, 사람들이 스스로 죄를 부르는 것이 아니겠
는가!

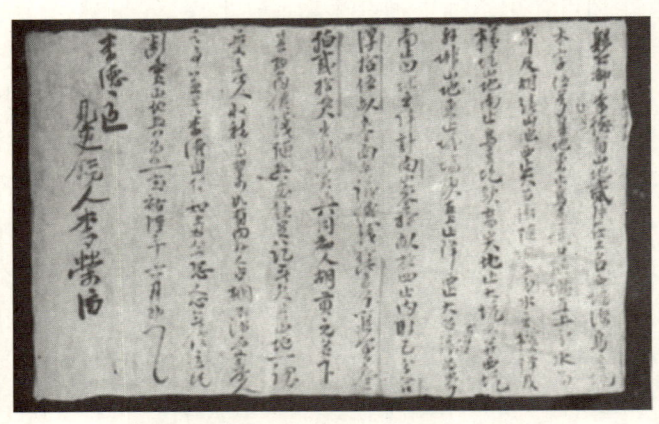

남송 보우(寶祐) 원년 이덕(李德)이 산을 판 계약서

🏺 인근의 토지는 마땅히 값을 더 주고 사야 한다

　무릇 인근에 이해가 절실하여 사고 싶은 토지는 마땅히 그 값을 더 주고 사야 한다. 그 친척과 이웃을 믿고, 전당(典當)에서 싼값으로 사거나 또 그 땅을 살 사람이 없음을 믿고 그 값을 깎아 낮추어서는 안 된다. 만일 다른 사람이 산다면 후회한들 소용이 없고, 이로 말미암아 소송이 일어날 것이다.

관리가 전당포로 가고 있는 모습(〈청명상하도〉에서)

법에 위배되는 전산(田産)은 사두어서는 안 된다

    법률조항에 위배되는 전산(田産)은 값이 비록 싸더라도 사지 말아야 한다. 훗날에 일이 생겨 관에 가게 되면 비용이 열 배나 될 것이다. 그러나 부자들은 대체로 이런 땅을 사기를 요구하면서 장차 돈을 주어 관사(官司)를 칠 것이라고 한다. 이것은 그 버릇을 구제할 수가 없다. 그러나 스스로 근심을 끼쳐 자손에 미치게 하는 경우가 아주 많다.

물건을 매매할 때에 마땅히 법에 맞도록 하여 후환을 없애야 한다

무릇 물건을 매매할 때에 반드시 조항마다 법조에 맞추면 후환이 없을 것이다. 다만 인정이 친밀한 것을 믿고, 미리 방비하지 않아서는 안 되니, 혹 환심을 잃게 되면 앞으로 논쟁의 단서가 될 것이다. 만일 매매하는데 대금을 다 받지 못하고, 부채를 보상하고도 계약서를 받지 않은 것과 같은 일은 즉시 결정해야 한다. 혹 관에 알려서 앞으로 송사를 막아야 하니, 아주 조심하고 조심할진저!

🦾 부자가 산업을 다스리는 데는 마땅히 인심(仁心)을 써야 한다

　빈부(貧富)의 형세가 일정하지 않고, 전택(田宅)의 주인이 일정하지 않다. 돈이 있으면 사고, 돈이 없으면 판다. 전산(田産)을 사는 사람은 마땅히 이 이치를 깨달아, 전산을 파는 사람을 침해하지 말아야 한다.

　대체로 사람이 전산을 파는 데는 혹 식량이 없거나 혹 남의 부채를 지고 있거나 혹 질병과 사망과 혼가(婚嫁)와 쟁송 때문이다. 내가 백천(百千)의 비용이 필요하면 백천의 재산을 팔아야 한다. 만일 나의 재산을 사는 사람이 즉시 값을 돌려준다면 비록 지체 없이 돌려 쓰더라도 쓰고자 하는 일에 쓸 수 있다.

　부자로서 불인(不仁)한 사람은 파는 사람이 급하게 쓰려는 것을 알면 겉으로는 사기 싫어하면서 속으로는 땡기는 욕심으로 그 값을 자꾸 깎는다. 이미 계약을 한 뒤에는 임시로 값의 십분의 일이분을 주고, 수일 후에 다 갚기로 약속한다. 수일 후에 물어보면 아직 준비가 되지 않았다고 한다. 또 물으면 두어 꾸미의 돈을 주고, 나머지 돈은 곡물 및 다른 물건을 높은 가격으로 계산하여 보상한다.

　이때에 물건 판 사람은 아주 군색하여, 그 사이에 약간씩 받은 돈은 쓴 데 없이 써버리고 지난날 큰 부채를 갚으려던 계획은 허사가 되고 만다. 돈을 찾으러 다니는 중에 인력과 비용이 드는 것은 말할 것도 없다.

　저 부자는 은근히 좋아하여 모사를 잘하였다고 하나 천도(天道)가

순환한다는 것을 알지 못한다. 자기 몸이 그 보복을 받을 것이고, 그렇지 않으면 자기 자손에게 미칠 것인데도 부자는 그것을 깨닫지 못하니 어찌 어리석지 않은가!

원대(元代) 하징(河澄)이 그린 〈귀장도〉(歸莊圖)

돈을 빌려주고 이자를 받는 데는 중간을 쓰는 것이 중요하다

　전곡을 빌려주고 이자를 받는 것은 부자와 가난한 사람이 서로 도움을 주는 것으로 없어서는 안 되는 일이다. 한대(漢代)에는 돈 1천관(一千貫)이 있으면 천호후(千戶侯)에 비했으니, 1천관의 이자가 1년에 200천을 얻을 수 있다는 것이니 지금에 비하면 2분도 미치지 못한다. 지금 만일 중간제도로 말한다면 전당포의 한달 이자는 2분에서 4분까지이다. 돈을 빌려주는 월이자는 3분에서 5분까지이다. 곡식을 빌려 한 번 익는 것으로 말한다면 3분에서 5분까지는 이자를 받는 사람도 나쁘지 않고 주는 사람도 말이 없다.

　전당포에서는 월이자를 10분의 1을 취하는 사람이 있다. 강서성(江西省)에서는 돈을 1년간 쓰고 본전과 이자의 수를 동일하게 합하여 갚기로 계약하는 자가 있으니, 즉 1관(一貫)의 돈을 쓰고 2관의 돈으로 갚는다는 것이다. 구주(衢州) 개화현(開化縣)에는 곡식 100근을 대출하고 200근을 받는다. 강서의 상호(上戶)는 쌀 1석을 대출하고 1석8두(一石八斗)를 받으니 모두 매우 불인(不仁)하다. 그러니 부조(父祖)는 이렇게 남에게 빌려주고, 자손이 이렇게 남에게 보상하니 천도의 순환하는 이치를 여기에서 볼 수 있다.

　* 구주(衢州) 개화현(開化縣) : 지금의 절강성 상산현(常山縣)을 말함.

🏺 술책을 써서 겸병하는 것은 장구한 계책이 아니다

　　겸병하는 사람은 재산이 있는 집 자제들이 어리석고 불초한 것을 보고, 그들이 위급한 때에 돈을 억지로 빌려준다. 처음 빌려줄 때에는 주식(酒食)을 대접하여 그의 마음을 기쁘게 하고, 이미 빌려준 뒤에는 수년이 지나도록 찾지 않는다. 이자가 많아질 때를 기다려 또 불러서 주식을 대접하고, 결산할 때 해마다 이자를 원금에 합하여 다시 이자를 내게 하고 또 그의 토지로써 부채를 갚으라고 한다. 나라의 금령이 비록 엄하지만 대개 요행으로 면한다. 다만 하늘의 죄망(罪網)은 새는 곳이 없다. 속담에 "번갈아 부잣집 자식이 된다"고 하니, 빈부가 서로 바뀌는 것을 말하는 것이다.

남에게 전곡을 많이 빌려주지 말아야 한다

부채를 가볍게 여기는 사람에게는 전곡을 빌려주지 말아야 하니, 그런 사람은 반드시 의지할 데 없는 사람으로 남의 의리를 저버리는 사람이다. 대체로 남의 전곡을 빌려쓰는데, 적으면 갚기 쉽고, 많으면 갚지 않기 쉽다. 그러므로 곡식 백 석을 빌려쓰고 금전 백 관을 차용하면 갚을 힘이 있어도 갚지 않고 차라리 갚을 금전으로써 송사의 비용으로 쓰는 사람이 많다.

빚을 경솔하게 져서는 안 된다

빚을 경솔하게 지는 사람은 훗날에 재산이 넉넉해지면 갚을 수 있다고 생각해서이다. 오늘 넉넉하지 못한데, 훗날에 무엇을 해서 넉넉해지겠는가. 비유하건대 백 리의 길을 이틀에 나누어 가면, 이틀에 도달할 수 있지만, 오늘 갈 길을 내일 합쳐서 가면 아무리 노력해도 도달하지 못하는 것과 같다. 긴 안목이 없는 사람은 목전에 여유 있기만 구하고, 뒤로 미루어 쌓는 사람치고 패가하지 않는 사람이 없으니, 마땅히 이런 일을 거울삼아야 한다.

🏺 부세(賦稅)는 마땅히 미리 준비해야 한다

    무릇 가산(家産)이 있으면 반드시 부세가 있으니, 먼저 납세할 자금을 정해 둔 뒤에 여분의 금전으로 일용해야 한다. 수입이 박하면 용도를 줄여서 쓰고, 납세할 돈은 쓰지 말아야 한다. 만일 납세할 날이 지나서 관에서 독촉하면 이자를 주고, 남의 돈을 빌려 혹 남이 미리 준비해 둔 세금을 빌려서 내고 높은 이자로 갚으면 모두 재산에 손해가 된다. 대체로 가난과 검소함은 어진 덕이요, 또 미칭(美稱)이니 결코 이것을 부끄럽게 생각해서는 안 된다. 만일 가난과 검소함을 안다면, 패가하는 근심이 없을 것이다.

🗄 부세(賦稅)는 일찍이 납세하는 것이 좋다

납세는 비록 관에서 기일을 정한 것이나, 모름지기 먼저 납세하는 것이 편안하다. 만일 봄에 묘미(苗米)를 들이는데 날씨가 청명할 때 들이지 않고, 뒤로 미루다가 혹 비나 눈이 연일 계속되면 어떻게 할 것인가? 그러나 주(州)와 군(郡)에서 대체로 민사(民事)를 헤아리지 않는다. 다만 가을에 추미(秋米)를 들이는데 처음에는 쌀이 잘 마르고 쌀알이 둥근 것을 요구한다. 후에 나쁜 쌀을 내어 양을 더하고 또 더하여 뒤에 들어오는 쌀은 습기가 있어도 그대로 받고 나쁜 쌀도 감해 받는다. 견포를 받을 때도 처음에는 두텁고 좋은 것을 받다가 나중에는 바치는 수가 적으면 함부로 무시하고 또 나중에는 경솔하게 받는다.

그래서 사람들이 대체로 전후의 경종을 비교하여 남보다 먼저 납세하기를 즐겨하지 않고, 현도(縣道)의 추궁을 받는다. 오직 시골의 현량한 사람은 스스로 무사하기를 바라서 사소한 이해로써 기일을 어기지 않는다.

교량을 만들고 도로를 닦는 데는 마땅히 재력(財力)으로 도와야 한다

　향리의 사람들이 전물(錢物)을 거두어 교량을 만들고 도로를 닦으며 나룻배를 만들면 마땅히 힘써 도와야지 재물만 없애고 이득이 없다고 해서는 안 된다. 만일 도로가 완성되어 조석으로 출입할 때에 하인이나 말이 사고 없이 다니며, 거마를 타고 다리와 강을 건너는데 두려움이 없이 지내는 것은 모두 내가 도와서 얻은 복이다.

송대의 교량(〈청명상하도〉에서)

🎲 재산을 운영하는 데는 먼저 마음을 후하게 가져야 한다

　사람이 재산을 경영하는데 우연히 부유하게 된 사람은 필시 그 운명이 형통하여 조물주가 도와서 그렇게 된 것이다. 그 중에 혹 어떤 사람이 이 사람의 재산이 많이 늘어나서 부자가 빨리 되는 것을 보고 인력으로 천운을 빼앗으려 한다. 예컨대, 쌀을 파는 데는 물을 섞고, 소금을 파는 데는 재를 섞고, 옻을 파는 데는 기름을 섞고, 약을 가짜로 바꾸는 등 그런 유가 많다.

　그래서 목전에 넉넉하게 얻어짐을 보고, 스스로 마음속으로 기뻐하나 조물주가 즉시 다른 일로 빼앗아 가는 것을 알지 못하고 마침내 빈궁하게 살아간다. 가짜로써 진짜를 망쳐 근본을 상실한 것이 많으니, 이것이 이른바 사람이 하늘을 이기지 못한다는 것이다. 대체로 물건을 판매하자면 먼저 마음을 바르게 가지고 물건은 진실해야 한다. 만일 이것으로 신명을 받든다면 후한 이득을 탐하지 말고 천리에 맡기면 비록 목전에 이득은 없어도 후환은 없을 것이다. 술을 만드는 데는 반드시 순후(醇厚)하고 청결하게 하면 사가(私家)의 술이 팔리지 않을 것이다. 조석으로 바른 마음을 지켜 나라에 세금을 잘 바치고 처자를 잘 양육하면서 망령되게 재물을 구하며 관가의 금전을 의뢰하지 않다가 만일 운명이 형통하면 자연히 부자가 될 것이요, 그렇지 못하더라도 가산을 탕진하는 데 이르지는 않을 것이다. 장사를 시작하는 사람은 관찰하기 바란다.

집을 짓는 데는 마땅히 점진적으로 경영해야 한다

집을 짓는 것은 인가(人家)에서 가장 어려운 일이다. 나이가 많고 세상일을 많이 경험했으되 건축 일은 오히려 알지 못하는 경우가 많은데, 하물며 일을 경험하지 못한 사람은 이 일로 인하여 가산을 파산하는 경우도 드물지 않다.

대체로 건축을 시작할 때는 반드시 먼저 대목과 의논해야 한다. 대목은 주인이 비용이 많이 드는 것을 꺼려 집을 짓지 않으려 하는 것을 두려워하면 반드시 규모를 작게 하여 비용을 절약할 것이다. 주인이 능히 할 힘이 있다 하여 흡족한 뜻으로 시작하면 대목은 규모를 점점 키워 비용이 몇 배나 더 들어가는 데도 일은 반도 진척되지 못하면, 주인은 그만둘 수 없어 돈을 빌리고 재산을 팔게 된다. 그때에 대목이 공사가 중단되지 않는 것을 기뻐하여 공사 규모와 비용을 더욱 키워 나간다.

내가 일찍이 사람들에게 권고하기를, 집을 지을 때는 모름지기 십년을 경영하여 점진적으로 해 나가면 가옥은 완성되고 가세(家勢)는 그대로 부귀할 것이라고 하였다. 먼저 집터부터 택하고 나서 터가 높으면 깎아 내리고, 낮으면 증축하여 높이고, 담도 쌓고, 못도 파서 해마다 점진적으로 하여 십여 년 뒤에 완성되기를 기대한다.

다음으로, 집 규모의 높고 넓은 것을 계산하여 재목의 수로부터 서까래, 추녀, 울타리, 벽, 대, 나무까지도 그 수를 기록하여 해마다 사들이고 수시로 깎고 다듬어서 십여 년을 한정하여 다 갖추어 둔

다. 그런 다음은 기와가 얼마가 드는가 계산하여 모두 여력으로 점점 쌓아 비축하고 고용비까지도 미리 저축한다. 그러므로 집이 완성된 뒤에도 가세는 여전히 부귀하게 된다.

찾아보기

262